edition suhrkamp 2632

Bahnhofsviertel, Straßenstrich, Sperrbezirk – hören wir das Wort »Prostitution«, denken wir auch in topografischen Kategorien. Das Feld ist insofern ein vorzüglicher Forschungsgegenstand der Raumsoziologie. Martina Löw und Renate Ruhne haben über Jahre hinweg das Frankfurter Bahnhofsviertel untersucht. In Interviews mit Prostituierten und Freiern, mit Anwohnern und Sozialarbeitern haben sie danach gefragt, welche Emotionen mit bestimmten Räumen verbunden sind und über welche subtilen sozialen Mechanismen das Gewerbe immer wieder neu als Feld des »Anderen«, des »Anormalen« konstruiert wird.

Martina Löw ist Professorin für Soziologie an der Technischen Universität Darmstadt. Im Suhrkamp Verlag erschienen zuletzt *Raumsoziologie* (stw 1506) und *Soziologie der Städte* (stw 1976).

Renate Ruhne ist Privatdozentin an der Technischen Universität Darmstadt und lehrt Soziologie an der Universität Kassel.

Martina Löw
Renate Ruhne

Prostitution

Herstellungsweisen einer anderen Welt

Suhrkamp

edition suhrkamp 2632
Erste Auflage 2011

Originalausgabe

Satz: Hümmer GmbH, Waldbüttelbrunn
Druck: Druckhaus Nomos, Sinzheim
Umschlag gestaltet nach einem Konzept
von Willy Fleckhaus: Rolf Staudt
Printed in Germany
ISBN 978-3-518-12632-5

1 2 3 4 5 6 – 16 15 14 13 12 11

Inhalt

1. Einleitung

»Man kann Prostitution nicht neben Kant stellen«, war die spontane Reaktion eines Lektors, als wir dem Verlag das Manuskript für dieses Buch vorstellten. Eine zuverlässige Kraft des Schreibbüros, mit dem wir seit Langem zusammenarbeiten, konnte sich nicht überwinden, die Interviews mit Prostituierten und deren Kunden abzutippen. Das erste und einzige Mal wurden wir von einer Tagung wieder ausgeladen, als wir erklärten, den raumtheoretischen Vortrag am Beispiel Prostitution halten zu wollen. Über Prostitution könne man in Berlin reden, so die Veranstalter, aber nicht in der Kleinstadt.

Nach wie vor gilt Prostitution als heikel, unanständig und (jugend)gefährdend. Sie wird isoliert, ausgegrenzt und in Städten an spezifische Orte verbannt. Schon ein Buch, eine Interview-Erzählung oder ein wissenschaftlicher Vortrag über Prostitution wird als unangemessen, abstoßend und potenziell verunreinigend für bisher prostitutionsfreie Kontexte wahrgenommen. Obwohl Prostitution in Deutschland heute legal ist und zunehmend akzeptiert wird, ist das Geschäft mit dem Sex gleichzeitig ein tabuisiertes und umstrittenes Phänomen des Sozialen geblieben, das lange Zeit auch kaum erforscht wurde. Aufbauend auf einer von der Deutschen Forschungsgemeinschaft (DFG) finanzierten ethnografischen Studie zur Prostitution in Frankfurt am Main,[1] möchten wir im vorliegen-

1 Es geht dabei vor allem um die heterosexuelle professionelle Prostitution, da sie den weitaus größten Anteil am Prostitutionsgeschehen ausmacht (vgl. Kapitel 2).

den Band die heute vielfach thematisierte, aber in ihrer gesellschaftlichen Relevanz noch immer eher unbekannte Grauzone Prostitution näher beleuchten.[2]

Im Zentrum der Analyse stehen dabei die sozialen Kategorien Raum und Geschlecht, die nicht nur das prostitutive Geschehen selbst, sondern auch seine Verwobenheit mit gesamtgesellschaftlichen Strukturen und Prozessen wesentlich bestimmen. Mit den Forschungsmethoden der ethnografischen Beobachtung, der Dokumentenanalyse, der Kartografie und des Interviews untersuchen wir die (Re-)Produktion räumlicher (An-)Ordnungen der Prostitution unter anderem in ihrer Verwiesenheit auf Geschlechterbeziehungen. Durch die gezielte Fokussierung auf räumliche Gegebenheiten im Feld der Prostitution können (oft unbewusste) soziale Prozesse verdeutlicht werden, in denen über raumbezogene Regularien, Handlungspraxen, symbolische Aufladungen und ihre materiellen Ausdrucksformen eine komplexe vergeschlechtlichte und vergeschlechtlichende Praxis etabliert wird.

In den Blick kommen dabei auch Handlungs- und Wahrnehmungspraxen, in denen das Feld immer wieder als besonders problematisch erscheint, was sich nicht zuletzt darin zeigt, dass der (forschende) Zugang zu den Akteurinnen und Akteuren oft als besonders schwierig beschrieben wird: Prostituierte, Freier, Bordellbetreiber/-innen usw. öffnen sich in der Regel eher zurückhaltend nach außen, wie auch wir eindeutig feststellen konnten. Das eingangs skizzierte Problem, das Thema Prostitution in nicht prostitutive Umgebungen einzubringen, spiegelt sich hier umgekehrt darin wider, dass Forschende oft den Eindruck haben, es sei schwer bis unmöglich, überhaupt Einblicke ins Feld zu bekommen.

2 International ist das Prostitutionsgeschehen sehr unterschiedlich ausgebildet. Wir beziehen uns – am Beispiel der Stadt Frankfurt am Main – vor allem auf die deutsche Situation.

Die Feldforschung, die Renate Ruhne – in weiten Teilen gemeinsam mit Christiane Howe – durchgeführt hat, erforderte deshalb ein großes Engagement und ein sehr flexibles Vorgehen. Feldspezifische Arbeitsrhythmen machten es notwendig, Interviews oft sehr spontan und teilweise spätnachts zu führen, vereinbarte Termine wurden kurzfristig verschoben oder fielen ganz aus. Immer wieder stießen wir – und dies keineswegs nur im Feld selbst, sondern zum Beispiel auch auf Behördenseite und im Kontakt mit Beratungsstellen – auf eine deutliche Skepsis und eine nur vorsichtige Öffnung, die im Allgemeinen als Ausdruck einer besonderen Problemsituation *im* Feld gedeutet werden. In der vertieften Auseinandersetzung mit der Prostitution erkannten wir jedoch bald, dass sich Skepsis und Zurückhaltung wesentlich durch die bis heute andauernde gesamtgesellschaftliche Brisanz des Themas erklären lassen, die – vermittelt unter anderem über eine reißerische Medienberichterstattung – oft mit einer Stigmatisierung des Feldes und so auch mit Stigmatisierungsängsten der im Feld aktiven Personen einhergeht. Deutlich wurde auch, dass die zunächst oft ablehnende Grundhaltung zum Teil schlicht mit der Befürchtung zu tun hatte, wir könnten mit einem felduner-fahrenen Verhalten möglicherweise den reibungslosen Ablauf eines in besonderem Maße auf Diskretion bedachten Dienstleistungsgewerbes stören. Auf eine ähnliche Grundhaltung hätten wir auch stoßen können, wenn wir uns anderen, streng auf Diskretion bedachten Arbeitsfeldern zugewandt hätten, in denen die Anonymität der Kunden von besonderer Bedeutung ist.

Die Basisannahme, die wir im Buch weiter ausführen werden, geht davon aus, dass Prostitution durch zahlreiche, größtenteils subtile Mechanismen der Ausgrenzung in der öffentlichen Wahrnehmung als ein Feld des »Anderen« und des »Anormalen« (re)produziert wird. Erreicht wird dies wesentlich über abgrenzende Konstruktionen einer »normalen Welt« mit »normaler Sexualität« und einem »normalen Verhältnis der Geschlechter«. Räumlich findet das Andere seinen Ausdruck insbesondere in eigenen, »anderen« Quartieren wie den in zahlreichen Städten verbreiteten Rotlichtvierteln. Eine akzeptierende Auseinandersetzung mit dem Feld wird so – trotz juristischer und moralischer Verschiebungen – verhindert bzw. erschwert.

Im Einzelnen erwartet den Leser bzw. die Leserin: Nach der Einleitung gehen wir zunächst auf wesentliche Eckpunkte des Forschungs- und Erkenntnisstandes zur Prostitution in Deutschland (Kapitel 2) sowie auf grundlegende Informationen zur Situation in Frankfurt am Main ein (Kapitel 3). Im Anschluss folgen Ausführungen zur forschungsmethodologischen und methodischen Anlage der Untersuchung (Kapitel 4).

In der empirischen Analyse erläutern wir dann am Beispiel des Frankfurter Bahnhofsviertels, wie die räumliche Produktion des Anderen funktioniert (Kapitel 5). Anhand von Medienberichten kann eine zwischen 1960 und 1990 in Frankfurt am Main zu beobachtende, bisher aber kaum beachtete räumliche Verlagerung der Sexarbeit – und das heißt vor allem der Sexarbeiterinnen – ins Innere geschlossener Häuser nachgezeichnet werden, die wir als eine Form der *Verhäuslichung* interpretieren. Sie hat die Wahrnehmung des Feldes in Frankfurt deutlich verändert und zu Machtverschiebungen innerhalb der verschiedenen beteiligten Gruppen des Feldes geführt. So wurde zum Beispiel die Bordellprostitution gestärkt, was für die Prostituierten mit Vor- und Nachteilen verbunden ist (eigenständige Anmietung der Zimmer versus Etablierung anonymer Großbetriebe z. B.), vor allem aber zu ihrer heute weitgehenden Unsichtbarkeit beiträgt – und dies nicht nur auf den Straßen des Bahnhofsviertels. Auch die mediale Berichterstattung verliert im Zuge der Verhäuslichung die handelnden Sexarbeiterinnen zunehmend aus den Augen und konzentriert sich in der Folge, wenn überhaupt, auf die politisch aktiven Frauen der Selbsthilfegruppen und der unterstützenden Parteien. Ebenso verschwinden die Kunden mehr und mehr aus dem öffentlichen Blick. Auch »Zuhälter« werden kaum noch thematisiert. Im Feld arbeitende, nicht selbst der Prostitution nachgehende Männer sind jetzt Bordellbetreiber und Wirtschafter in den Häusern.

Durch die Umstrukturierung der Sexarbeit in ein Gewerbe, in dem Bordelle nach dem Vorbild von Hotels geführt werden, lässt sich zwar eine Professionalisierung und zunehmende Eigenständigkeit der hier arbeitenden Frauen erkennen (insbesondere die Unabhängigkeit von Zuhältern durch das selbständige Anmieten der Zimmer), gleichzeitig wird diese Form der Professionalisierung aber auch immer wieder konterkariert. So entstehen Professionalisierungsbrüche zum Beispiel dadurch, dass eine arbeitsrechtliche Strukturierung des Gewerbes bis heute fehlt und sich durch die teilweise starke Fluktuation in den Häusern kaum selbstorganisierte Einarbeitungsstrukturen unter den Prostituierten etablieren können. Bordellbetreiber/-innen übernehmen in der Frage der Professionalisierung oftmals eine ambivalente Rolle: Einerseits unterstützen sie die Bestrebungen der Frauen nach einer selbstbestimmten, anerkannten und legalen Arbeit im Sexgewerbe (etwa durch die Vermittlung von Steuerberatern), andererseits bieten die geschlossenen Häuser allerdings auch zahlreiche Möglichkeiten, um die hier arbeitenden Frauen etwa stärker zu kontrollieren, wodurch die Macht der Bordellbetreibenden potenziell zunimmt. In einem umfassenden Arrangement öffentlicher und feldinterner, stets aber machtdurchdrungener Aushandlungsprozesse werden Räume der Prostitution so immer wieder neu verhandelt – wobei das Feld der Prostitution als ein »Feld des Anderen« bestätigt wird.

Schon der Umstand, dass das Prostitutionsgeschehen auf einzelne städtische Areale konzentriert ist, weist die Sexarbeit als einen ausgelagerten und damit »anderen« Bereich des Sozialen aus. Verknüpft hiermit ist jedoch noch eine weiter gehende *emotionale Markierung* der Prostitution als ein Feld des »Anderen«. Am Beispiel des Frankfurter Bahnhofsviertels geht Kapitel 6 zunächst auf eine in der Forschung deutlich werdende »Aufladung« der Räume der Prostitution mit Gefühlen von Angst und Unsicherheit ein, durch die die Grenze zwischen einer »Normalität« und einer (auch ohne konkrete Gefahrenlage) als gefährlich wahrgenommenen »Anormalität« des Feldes *körperlich spürbar* (re)produziert wird.

Gerade die Raum-Gebundenheit der Gefühle – und das heißt ihre weitgehende Unabhängigkeit von konkreten Personen und Geschehnissen – bewirkt hier, dass Gefahrenlagen eher selten hinterfragt werden: Der Raum an sich wird in diffuser Weise als gefährlich und verunsichernd wahrgenommen. So werden die Ausgrenzung und Stigmatisierung des Feldes der Prostitution mehrfach gefestigt: Raumgebundene Verunsicherungen und Ängste verhindern nicht nur den Kontakt so genannter »solider« Bürger und vor allem Bürger*innen* mit dem Feld, sondern lassen die Grenzziehung zwischen »Normalität« und »*gefährlicher* Anormalität« zugleich als zwingend notwendig erscheinen. Umgekehrt verhindert das durch Unsicherheitsgefühle entstehende eher distanzierte Verhältnis »solider« Bürger/-innen zum prostitutiven Feld konkrete (und die Wahrnehmung der Prostitution möglicherweise verändernde) Einblicke. Prostitution bleibt so ein eher unbekanntes Terrain, das schon durch seine Fremdheit verunsichernd wirkt. Emotionalisierte Raumstrukturen festigen damit eine Etablierten/Außenseiter-Figuration, die in ihrer Stabilität ungebrochen erscheint – dabei für Freier allerdings eine erstaunliche Offenheit impliziert. Denn Ängste und Unsicherheiten entfalten geschlechtsspezifisch durchaus unterschiedliche Wirkungen: Während »solide Frauen« dazu tendieren, die verunsichernden Orte der Prostitution grundsätzlich zu meiden, zeigen Männer – vor allem als Freier – hier ein weit größeres »Risikoverhalten«; ein Unterschied im Umgang mit den sich hier zeigenden raumgebundenen Emotionen, der nicht zuletzt zur Erklärung der beharrlich weiterbestehenden, geschlechtsspezifisch sehr unterschiedlichen Inanspruchnahme der Dienstleistung Prostitution beitragen kann.

In Kapitel 7 wird die verbreitete Annahme, Prostitution habe nichts mit Liebe und Gefühlen zu tun, kritisch hinterfragt. Die geführten Interviews verdeutlichen, dass Gefühle – und das heißt auch Gefühle von Sympathie, Freundschaft und sogar Liebe – in der Prostitution keineswegs so ungewöhnlich sind, wie oft angenommen wird. Gezeigt werden kann ganz im Gegenteil, dass die häufig betonte Emotionslosigkeit durch einen Ausschluss positiv bewerteter Gefühle aus der Prostitution mehr oder weniger bewusst hergestellt wird, was nicht nur ihre grundsätzliche Existenz bestätigt, sondern auch auf eine damit eng verknüpfte soziale Dynamik verweist: Positive Emotionen und insbesondere das Gefühl der Liebe bleiben so weiterhin exklusiv der partnerschaftlichen Sexualität vorbehalten. Auch durch das gezielte Ausschließen positiver Gefühle werden die Grenze zur Prostitution und ihr gesellschaftlicher Ausschluss so immer wieder reproduziert.

Die Trennung in zwei Welten – in eine im positiven Sinne als emotional erlebte und eine als davon getrennt erlebte, rein sexuelle Welt – wird von den meisten Befragten im Feld als ein unumgänglicher und pragmatischer Ansatz der Bewältigung ihres Alltag beschrieben. Für die Prostitution und die mit ihr verbundenen Menschen bedeuten Ausgrenzung und Tabuisierung positiver Emotionen jedoch auch ein Dilemma: Zwar bietet die prostitutive Sexualität vor allem für viele Freier eine grundsätzlich als positiv erlebte Wahlmöglichkeit im Rahmen heute allgemein erweiterter sexueller Freiheiten, diese Wahl wird aber gleichzeitig – und nahezu zwingend – als unbefriedigend erlebt, da sie ohne die Chance auf Liebe und positive Gefühlsbindung lediglich als ein isoliertes Vergnügen wahrgenommen wird. Ausgrenzung und Tabuisierung (positiv konnotierter) emotionaler Aufladungen der prostitutiven Sexualität auf der einen Seite und die in der Gegenwartsgesellschaft weiterhin verbreitete Erwartung emotionalisierter sexueller Erlebnisse in Paarbeziehungen auf der anderen Seite wirken so immer wieder an der Ausgrenzung und Tabuisierung der Prostitution mit, ohne dass ihre Wirkungen bisher angemessen beachtet worden wären.

Kapitel 8 konzentriert sich auf eine mögliche und praktizierte Gegenstrategie der »Anders-Setzung«: ein Normalisieren der Prostitution über das Betonen von Reinheit und Sauberkeit. Ebenso wie die Trennung emotionalisierter und davon abgegrenzter entemotionalisierter Felder ist auch die Trennung von Schmutz einerseits und Sauberkeit andererseits ein zentrales Diskurs- und Handlungsmuster im Umgang mit der Prostitution, das »Normalität« von »Unnormalität«, dem »Anderen«, scheidet. Die Trennlinie rein/unrein bzw. sauber/dreckig ist ein zentrales, räumlich gebundenes Ordnungsprinzip rund um die Prostitution, das, aufbauend auf als »normal« empfundene Hygienestandards, sowohl auf Räume als auch auf (Geschlechts-)Körper einwirkt. In der Konsequenz erscheint das Säubern als eine besonders passable Strategie gegen die Ausgrenzung. In einer modernen Gesellschaft, die Hygiene zu ihrer Selbstbestimmung nutzt, wird Prostitution im Lichte von Schmutz zum räumlich wie symbolisch ausgelagerten Anderen. Der geringere soziale Status von Prostituierten lässt diese zu Idealgestalten im Verschmutzungsdiskurs werden. Zwar zeigte sich, dass es den Prostituierten im Feld gelingen kann, als sauber und gepflegt zu gelten, die Freier jedoch werden auf unterschiedlichen Ebenen immer wieder in Verschmutzungserzählungen eingebunden (es heißt, sie pinkeln im Flur, riechen schlecht, müssen gewaschen werden, müssen auf Krankheiten hin kontrolliert werden usw.). Offensichtlich brauchen die Erzählungen um die »verschmutzte Frau« die Gegenkonstruktion des »verunreinigenden Mannes«. Die klassische Erzählung der Prostitution ist die Gefährdung des Mannes durch den Kontakt mit dem verunreinigenden Frauenkörper. Nun wird deutlich, dass die Unreinheit des Frauenkörpers durch den Männerkörper entsteht. Potenzielle Reinheit und potenzielle Verunreinigung bilden ein ineinander verwobenes Muster, das weit über die Prostitution hinaus zu wirken scheint, in der Sexarbeit jedoch konkrete räumliche und soziale Folgen zeitigt. Im Kampf um Hygienestandards, der sich für Frankfurt nachzeichnen lässt, bekämpfen Prostituierte, Bordell- und Wohnungsbetreibende die symbolische Klassifikation der Prostitution als Dreck, indem sie Sauberkeit als ein materiell-räumliches Ordnungssystem etablieren. Die Tatsache, dass um Sauberkeit gekämpft wird, zeigt einerseits wiederum die gesellschaftliche Auslagerung der Prostitution (z. B. im Versuch, Berührung zu minimieren, um eine Kontaminierung zu vermeiden), andererseits aber auch den Versuch, den Ausschluss durch die Einführung moderner Hygienestandards zu überwinden.

In Kapitel 9 schließlich wird die »Anders-Setzung« nicht in erster Linie als Ausgrenzung, sondern als Steigerung gesellschaftlicher Ver(un)sicherung eingeführt. Für alle deutlich markiert als das »Andere« und »Anormale«, beschäftigt die Kunden der Prostituierten oft die Frage, welche Erfahrungen, Gefühle und Beobachtungen eigentlich »wahr« sind. Obwohl diese Frage nach Täuschung und Illusion heute eine gesellschaftliche Schlüsselfrage ist, verhindert die Konstruktion des Außernormalen die sonst alltägliche Leistung des Unterstellens von Wahrheit.

Freier erwarten in der Prostitution keineswegs nur eine technische Handlungsabfolge, sondern Luststeigerung, insbesondere auch durch die erfahrene Lust oder wenigstens den erfahrbaren Spaß der Sexualpartnerin. Gleichzeitig hat das Gewerbe jedoch wenig moralischen Kredit, da es im Ruf steht, mit Tricks und Betrügereien zu arbeiten. Kunden fühlen sich also darauf angewiesen, die Zeichen des Körpers und/oder des Raumes lesen zu können. In der Ambivalenz von Skepsis aufgrund des Wissens um den Verkaufscharakter sowie der Täuschungsrahmungen und dem Wunsch, vertrauen zu wollen, um die eigene Lust zu steigern, richten die Kunden ihre Konzentration auf körpersprachliche, räumliche und atmosphärische Zeichen. Für die Prostituierten ergibt sich daraus die Notwendigkeit, ebendiese Zeichen zu setzen.

Die Aufgabe, vor der Prostituierte stehen, besteht somit darin, die Zeichen ihres Körpers so zu präsentieren, dass sie so *wirken*, als wären sie dem Freier lustvoll zugewandt, unabhängig davon, ob sie Lust empfinden, Spaß haben, dem Gast positiv und offen gegenüberstehen. Das Herstellen einer Illusion wird so zum zentralen Moment der sexuellen Dienstleistung. Diese Leistung ist deshalb so aufwendig, weil Prostituierte nur in geringem Maß Vertrauen dadurch aufbauen können, dass sie ihre Persönlichkeit in die Waagschale werfen. Details zur eigenen Person werden meist bewusst verschwiegen.

Abschließend werden in Kapitel 10 die verschiedenen zuvor ausgeführten Praktiken der Herstellung einer anderen Welt in ihrer raumbildenden Wirkung zusammengeführt und diskutiert.

Einleitung und Schluss sowie Kapitel 5 wurden in Koautorschaft verfasst.[3] Autorin der Kapitel 2, 3, 4, 6 und 7 ist Renate

3 An der Ausarbeitung der Überlegungen zur Verhäuslichung in Kapitel 5 haben neben Renate Ruhne und Martina Löw auch Christiane Howe und Regine Henn mitgewirkt. Eine Vorfassung dieses Kapitels ist 2006 erschienen (vgl. Löw/Ruhne 2006).

Ruhne. Die Kapitel 8 und 9 wurden von Martina Löw geschrieben.

Zum Gelingen des Forschungsprojekts und der vorliegenden Publikation »Prostitution – Herstellungsweisen einer anderen Welt« haben zahlreiche weitere Menschen beigetragen. Bedanken möchten wir uns an dieser Stelle bei Regine Henn, Felix Trautmann und ganz besonders bei Christiane Howe für ihre Mitarbeit im Forschungsprojekt. Gedankt sei aber vor allem auch den zahlreichen Akteuren und Akteurinnen im und um das Feld der Prostitution in Frankfurt am Main, die diese Studie durch ihre Unterstützung und Offenheit uns gegenüber erst möglich gemacht haben. Ihre Offenheit, die wir vor dem Hintergrund der allgemein keineswegs einfachen Zugänglichkeit des Feldes für die Forschung sehr zu schätzen wissen, hat uns nicht nur zahlreiche erhellende Einblicke in eine »andere Welt« ermöglicht, sondern auch die immer wieder als »normal« wahrgenommene »eigene Welt« oft in einem anderen Licht erscheinen lassen.

2. Ein kaum bekanntes Feld – Zum Stand der Forschung

Trotz zunehmender Akzeptanz, deutlichen Legalisierungstendenzen und einem durchaus großen (medien)öffentlichen Interesse ist das Feld der Prostitution in Deutschland bis heute eine »bewusst verheimlichte und verdrängte Grauzone« (Laskowski 1997, S. 80) des Sozialen geblieben, über die man kaum Konkretes weiß (vgl. auch z. B. Mitrovic 2007b, S. 16). Obwohl es zu einzelnen Aspekten bereits umfangreiche Literatur gibt, ist die (sozial)wissenschaftliche Aufarbeitung der Thematik insgesamt vor allem von offenen Fragen gekennzeichnet. Nach wie vor ist die Prostitution ein »randständiges wissenschaftliches Thema« (Grenz/Lücke 2006, S. 10), was unter anderem in dem eher schwierigen Zugang zum Feld begründet liegt (vgl. Ruhne 2009). Die folgende Aufarbeitung des Forschungsstandes konzentriert sich in Anlehnung an die Untersuchung auf die Situation in Deutschland, das im Vergleich zu anderen (europäischen) Ländern immer wieder als eher liberal im Umgang mit der Prostitution beschrieben wird.

Obwohl das Thema Prostitution in Deutschland auf breites Interesse stößt, entzieht es sich der öffentlichen wie der wissenschaftlichen Wahrnehmung in besonderem Maße. Bekannt sind nicht einmal grundlegende Eckdaten wie zum Beispiel Zahlen zu Prostituierten und/oder Freiern. Dort, wo in Studien und Veröffentlichungen Angaben zu finden sind, beruhen diese auf Schätzungen: »[G]esicherte Zahlen existieren [...] nicht« (Brückner/Oppenheimer 2006, S. 12). Angaben zur Anzahl der Prostituierten in Deutschland schwanken dabei zwischen 50.000 und 400.000. Weitgehend durchgesetzt hat sich die Zahl von ca. 400.000 Prostituierten (vgl. z. B. Deutscher Bundestag 2001, S. 4).

Der Begriff Prostituierte bezieht sich grundsätzlich sowohl auf Frauen als auch auf Männer, die der Prostitution nachgehen. Unumstritten ist jedoch, dass überwiegend Frauen als Prostituierte arbeiten. Die Unterscheidung nach weiblicher und männlicher sowie nach hetero- und homosexueller Prostitution ist zwar sinnvoll und notwendig, den eindeutig größten Anteil hat jedoch die heterosexuell-weibliche Prostitution. Auf diesen Bereich konzentrieren wir uns auch in der vorliegenden Untersuchung.

Hauptmotivation von Prostituierten und damit ein wesentlicher Aspekt der Prostitution ist »die Tatsache, dass damit Geld verdient bzw. der Lebensunterhalt oder [...] ein Existenzminimum gesichert werden soll« (Helfferich u. a. 2005, S. 15). Wie groß die ökonomische Bedeutung der Dienstleistung Prostitution tatsächlich ist, bleibt allerdings sowohl im Hinblick auf einzelne sich prostituierende Personen als auch auf die gesamtwirtschaftliche Dimension nur vage einschätzbar. Solchen Schätzungen zufolge werden die von Prostituierten erbrachten Dienste in Deutschland »täglich von über einer Million Männer in Anspruch genommen« (Deutscher Bundestag 2001, S. 4).[4] Das Prostituiertenprojekt Hydra geht sogar davon aus, dass bis zu 1,5 Millionen Männer täglich sexuelle Dienstleistungen von Prostituierten in Anspruch nehmen (vgl. Mitrovic 2002, S. 70). Im Allgemeinen wird die sexuelle Dienstleistung als ein bedeutender Wirtschaftsfaktor angenommen, auch wenn die konkrete ökonomische Dimension sich »nur erahnen« (Laskowski 1997, S. 91) bzw. eben schätzen lässt.

4 Vgl. dazu auch z. B. Laskowski 1997, S. 80; Paulus 2003, S. 5.

»Ausgehend von [...] Schätzungen, die die Zahl der in der Bundesrepublik tätigen Prostituierten mit bis zu 400.000 angeben, und unter der nicht unrealistischen Annahme von jeweils drei Kunden einer Prostituierten pro Tag, lässt sich eine Anzahl von 250 Millionen Dienstleistungen errechnen, für die jährlich rund 12,5 Milliarden DM ausgegeben werden« (ebd.),

stellt Laskowski in diesem Zusammenhang für Mitte der neunziger Jahre fest. Ein bedeutender »Standortfaktor« (Beste 2000, S. 247) im großstädtischen Gefüge sind sexuelle Dienstleistungen allein schon deshalb, weil »auch rund um das Prostitutionsgewerbe [...] Milliardenumsätze« (Laskowski 1997, S. 91) gemacht werden – durch die Vermietung von Wohnungen, Appartements und Zimmern, durch das Schaffen von Konsumbedürfnissen im Gastronomie-, Kosmetik- und Textilgewerbe oder auch durch eine verstärkte Nachfrage nach Produkten einer weit über die Prostitution hinausgehenden Sexindustrie.

Gängige, in einschlägigen Forschungsarbeiten zugrunde gelegte Definitionen von Prostitution lassen sich vereinfacht »zusammenfassen als ›Sex gegen Geld‹ mit diversen Modifikationen« (Laskowski 1997, S. 46). Als Prostituierte gelten dementsprechend »individuals, who receive payment (whether financial or otherwise) for sexual services« (Hubbard 1998b, S. 269). Von besonderer, wenn auch nicht einheitlich aufgegriffener Bedeutung sind bei der Definition des Phänomens neben der Bezahlung vor allem auch die Aspekte der Außerehelichkeit sowie der Promiskuität. In dem Bemühen, das soziale Phänomen Prostitution genauer zu bestimmen, bieten solche auf den ersten Blick durchaus eindeutig erscheinende Definitionen allerdings – wie schon die quantitativen Angaben zum Feld – nur begrenzt Halt: Offen bleibt die Frage, was mit »sexual services« oder auch Sex bzw. sexuellen Handlungen gegen Geld tatsächlich gemeint ist:

> »Zählen Frauen oder Männer, die sich – über eine Service-Agentur vermittelt – für einen Abend zur Begleitung anbieten, ohne dass es dabei zwangsläufig zum Geschlechtsverkehr mit dem Kunden kommen muss, [...] zum Berufskreis der in der Prostitution Tätigen? Was ist mit Frauen, die Telefonsex betreiben oder die sich vor Web-Cams den Wünschen der Internet-Freier beugen? Und [...] wozu zählen Frauen und Männer, die vor der Kamera agieren, sprich im Porno-Geschäft aktiv sind?« (Feige 2003, S. 8)

In solchen Fragen wird ein breites Spektrum an Handlungsfeldern sichtbar, das durch fließende Grenzen gekennzeichnet ist und auf eine grundsätzliche Offenheit und Wandlungsfähigkeit der sexuellen Dienstleistung verweist.

Ein Charakteristikum, das für die heutige Situation im Feld der Prostitution allgemein als wesentlich angesehen wird, ist der in den letzten Jahren deutlich gestiegene Anteil von Migrantinnen: Heute sind »über die Hälfte der Sexarbeiterinnen in Deutschland [...] Migrantinnen, nur 48 Prozent sind Deutsche bzw. EU-Staatsbürgerinnen« (Mitrovic 2002, S. 70). Die deutsche Situation unterscheidet sich in dieser Beziehung nicht von der in anderen europäischen Ländern. Folgt man einer Umfrage von TAMPEP, einem europäischen Projekt, das Forschung und Interventionsmaßnahmen »unter direkter Einbeziehung der Sexarbeiterinnen miteinander verbindet« (Informations-Flyer TAMPEP), stellen Migrantinnen heute »in fast allen alten EU-Ländern (EU-15) die Mehrheit der Sexarbeiterinnen« (Munk 2006b, S. 56). Für Österreich und Italien wird hier sogar von bis zu 80 Prozent Migrantinnen gesprochen.

2.1 Prostitution in historischer Perspektive

In Abgrenzung zum »vielbemühte[n] Standardsatz vom ›ältesten Gewerbe der Welt‹« (Krafft 1996, S. 9), mit dem Prostitution als »ahistorische«, quasi schon immer da gewesene »Konstante« (ebd.) der Weltgeschichte beschrieben wird, betont vor allem die historische Forschung heute das Wandlungspotenzial und damit den Prozesscharakter der Prostitution: Sowohl

> »ihr Erscheinungsbild [als auch] ihre Wahrnehmungsbedingungen und Funktionen stehen [...] in einem gesellschaftlichen Zusammenhang und unterliegen damit dem historischen Wandel. Nicht nur Angebot und Nachfrage auf dem Prostitutionsmarkt ändern sich; auch Staat und Gesellschaft reagieren auf dieses Problem jeweils zeitbedingt« (ebd.).

In historischer Perspektive besteht heute weitgehend Konsens darüber, dass mit dem Begriff Prostitution »eine Vielheit von Phänomenen angesprochen« ist (Hemmie 2007, S. 29), was auch erklärt, dass »in der Forschung keine konsensfähige Definition vorherrscht«. Um Vielfalt und Wandel der Prostitution berücksichtigen zu können, wird hier bewusst für einen eher »weit gefassten Begriff des Phänomens ›Prostitution‹« plädiert, der auch »Raum für die Betrachtung ›benachbarter‹ Phänomene« lässt (ebd.).

Vor allem die historische Forschung macht angesichts der breiten und sich im Zeitverlauf wandelnden Themenstellung heute sehr deutlich darauf aufmerksam, dass es notwendig ist, die Analyse der Prostitution in gesamtgesellschaftliche Zusammenhänge einzubetten, wobei insbesondere Wandlungs- und Stabilisierungsprozesse im Verhältnis der Geschlechter in den

Blick kommen (vgl. z. B. Schulte 1984, Schuster 1995, Krafft 1996, Hemmie 2007).

Herausgestellt wird in historischer Perspektive auch die besondere Bedeutung der sozialen Kontrolle der Prostitution. Neben räumlich-sozialen Maßnahmen zu ihrer Eindämmung (vgl. Ruhne 2006, 2008) kommen dabei auch spezifische Gesundheitskontrollen in den Blick, die insbesondere im 19. Jahrhundert nahezu zwingend notwendig erschienen, um der »unvermeidlichen Ausbreitung syphilitischer Krankheiten einen kräftigen Damm entgegenzusetzen« (Krafft 1996, S. 21), die aber auch Mitte der achtziger Jahre des 20. Jahrhunderts wieder verstärkt diskutiert wurden. Anlass war jetzt »der in den achtziger Jahren neu aufgetretene HI-Virus und die damit verbundene tödliche Krankheit AIDS« (Laskowski 1997, S. 29), in deren Kontext Prostituierte immer wieder als »Risikogruppe« bezeichnet wurden.

Die gesundheitlichen Risiken der Prostitution und die Versuche ihrer Kontrolle boten und bieten seither immer wieder Anlass für eine vertiefte Forschung zum Feld. Im Hinblick auf das untersuchte Risiko HIV/Aids konnte dabei herausgearbeitet werden, dass die These, »Prostituierte wären übermäßig oft mit HIV infiziert« (ebd.), eine Fehleinschätzung war (vgl. dazu auch Feige 2003, S. 66), die »im wesentlichen auf einer undifferenzierten Betrachtung der intravenös drogenabhängigen Prostituierten [beruhte], die der Beschaffungsprostitution nachgehen und einem erheblich höheren Infektionsrisiko ausgesetzt sind« (Laskowski 1997, S. 75).

Die zunächst als sehr beunruhigend wahrgenommene »Ungewissheit [...], wie weit speziell gewerbsmäßige Promiskuität an der Ausbreitung des HIV beteiligt sei und welcher besonderen präventiven Vorkehrungen es in diesem Bereich bedürfe« (Ahlemeyer 2002, S. 1), führte jedoch schnell und nachhaltig zu einer Intensivierung gesundheitsorientierter Forschungen über

Prostitution, deren inhaltliche Erkenntnishorizonte dabei allerdings oft über die untersuchten gesundheitlichen Risiken der Prostitution weit hinausgehen (vgl. z. B. Kleiber/Velten 1994; Ahlemeyer 2002; Wright/Deutsche AIDS-Hilfe 2005; Brückner/Oppenheimer 2006). In den Gesundheitswissenschaften selbst ist das Thema Prostitution jedoch ein »bisher kaum beachtetes Tätigkeitsfeld von Frauen« geblieben (Krüger 2001, S. 9).

2.2 Prostitutionsgesetz (ProstG)

Noch bis zum Jahr 2002 galt die grundsätzlich zwar legale Prostitution als sittenwidrige Tätigkeit – eine Festlegung, die mit einer »Negativabgrenzung der Prostitution zum normalen Rechtsleben« verknüpft war und besonders »für die Prostituierten zu einer rechtlichen und gesellschaftlichen Ausgrenzung« führte (Laskowski 1997, S. 35). Vor dem Hintergrund der Sittenwidrigkeit hatten Vereinbarungen und Verträge zwischen Freiern und Prostituierten über geleistete bzw. zu leistende sexuelle Dienstleistungen zum Beispiel keinerlei zivilrechtliche Wirksamkeit: Wenn ein Freier den vereinbarten Lohn nicht zahlte, konnte die Prostituierte »ihren Anspruch [...] nicht gerichtlich durchsetzen« (Beste 2000, S. 247). Schon vor dem Hintergrund einer solchen Rechtslage mussten Prostituierte deshalb »auf Vorkasse« bestehen (ebd.). Zudem hatten sie keinerlei Anspruch auf Leistungen der gesetzlichen Sozialversicherungen.

Erst mit dem am 1. Januar 2002 in Kraft getretenen »Gesetz zur Regelung der Rechtsverhältnisse der Prostituierten« (Prostitutionsgesetz – ProstG),[5] das auf die Aufhebung der Sittenwidrigkeit der Tätigkeit zielte, sollte

5 Vgl. das »Gesetz zur Regelung der Rechtsverhältnisse der Prostituierten«, das am 1. Januar 2002 in Kraft trat (Bundesgesetzblatt Jahrgang 2001 Teil I Nr. 74, ausgegeben zu Bonn am 27. Dezember 2001).

> »die rechtliche und soziale Lage der Prostituierten verbessert werden. Die rechtlichen Nachteile der bisherigen Bewertung der Prostitution als sittenwidriges und damit unwirksames Rechtsgeschäft, die sich bislang vor allem zulasten der Prostituierten ausgewirkt hatten, sollten beseitigt, der Zugang der Prostituierten zur Sozialversicherung [sollte] erleichtert werden« (Bundesministerium für Familie, Senioren, Frauen und Jugend 2007, S. 6).

Darüber hinaus verknüpfte die Bundesregierung mit der neuen Gesetzgebung auch »die Erwartung [...], dass die kriminellen Begleiterscheinungen der Prostitution zurückgedrängt und die Ausstiegsmöglichkeiten für Prostituierte erleichtert werden« (BMFSFJ 2007, S. 6). Für Prostituierte und ihre Interessenvertretungen ist die gesetzliche Neuregelung zudem oft mit der Hoffnung auf eine grundsätzliche »Anerkennung ihrer Tätigkeit als Beruf« (v. Galen 2004, S. 6) verbunden.

Zielsetzungen und Wirksamkeit des neuen Prostitutionsgesetzes werden und wurden seither breit und kontrovers diskutiert und auch in zahlreichen, teilweise sehr aufwendigen Evaluationsstudien überprüft.[6] In den Blick kommen hier auf der einen Seite grundlegende, mit der neuen Gesetzeslage einhergehende Veränderungen der rechtlichen und sozialen Lage der Prostituierten, was heute allgemein positiv bewertet wird. So wurde mit dem Gesetz zum Beispiel »die Möglichkeit geschaffen, Prostituierte bei der Sozialversicherung anzumelden sowie Arbeitsverträge über eine sozialversicherungspflichtige Tätigkeit als Prostituierte abzuschließen und so eine Pflichtmitgliedschaft in der gesetzlichen Sozialversicherung zu begründen« (Helfferich u. a. 2005, S. 278).

Ebenso besteht seit Inkrafttreten des ProstG für Betreiber/

6 Vgl. z. B. Mitrovic 2004a und b, 2007; v. Galen 2004; Helfferich u. a. 2005; Helfferich u. a. 2007; BMFSFJ 2007; Renzikowski 2007; Howe 2008a.

-innen von Bordellen und zur Prostitution genutzten Wohnungen »die Möglichkeit, im Bereich der freiwillig ausgeübten Prostitution straffrei für gute Arbeitsbedingungen zu sorgen« (ebd., S. 281). Außerdem ist das Entgelt für sexuelle Dienstleistungen mittlerweile »einklagbar« (Brückner/Oppenheimer 2006, S. 15).

Trotz zahlreicher positiver Bewertungen der durch das Prostitutionsgesetz eröffneten *Optionen* scheint die *Implementierung* von Veränderungen jedoch schwierig zu sein. Zwar sehen Prostituierte und Bordellbetreibende beispielsweise in der Einführung von Arbeitsverträgen durchaus eine »Chance für bessere Arbeitsbedingungen« (Mitrovic 2007b, S. 99), eingeführt wurden solche Verträge bisher aber dennoch kaum – und wenn, dann in der Regel lediglich »auf Niedriglohnbasis« (ebd.), wie eine Studie der Hamburger Fachhochschule feststellt. Bei der in diesem Kontext exemplarisch befragten Landesversicherungsanstalt (LVA) in Hamburg hat sich auch nach Inkrafttreten des neuen Gesetzes »keine einzige Prostituierte angemeldet« (Mitrovic 2004a, S. 11), und auch allgemein lässt sich feststellen: »Es sind nur sehr wenige sozialversicherungspflichtige Arbeitsverhältnisse abgeschlossen worden« (ebd. 2007, S. 115). Der »Zugang von Prostituierten zur gesetzlichen Sozialversicherung [ist] offenbar eher nicht gelungen« (Helfferich u. a. 2005, S. 278).

Auch die durch das ProstG eröffnete Möglichkeit, das Entgelt für die sexuelle Dienstleistung bei Zahlungsunwilligkeit des Freiers einzuklagen, scheint kaum genutzt zu werden: Zumindest bei den im Rahmen einer Studie des Sozialwissenschaftlichen Frauenforschungsinstituts Freiburg (SoFFI K.) befragten Gerichten waren bisher »keine zivilrechtlichen Klagen gegen Kunden von Prostituierten oder Betreiberinnen bzw. Betreiber von Prostitutionsbetrieben zu verzeichnen« (Helfferich u. a. 2005, S. 268), von den hier befragten Prostituierten hatten nur 1,3 Prozent »einen Kunden auf Zahlung des vereinbarten Entgelts verklagt« (ebd.). Das Prostitutionsgesetz läuft so »bisher weitgehend ins Leere« (AG Recht Prostitution; nach: Mitrovic 2004a, S. 11), kritisiert nicht nur die bundesweite AG Recht Prostitution.

Wie für das Prostitutionsgeschehen allgemein sind auch in Bezug auf Veränderungen, die mit dem ProstG einhergehen, in der Regel nur Schätzungen möglich, die teilweise zudem nur sehr beschränkt gültig sind.[7] Eine Antwort auf die Frage, ob sich die Arbeitsbedingungen von Prostituierten seit Inkrafttreten des Gesetzes verbessert haben, bleibt damit schwierig, was einerseits an zahlreichen Wissenslücken liegt, andererseits aber auch daran, dass »es bislang keinen Bezugsrahmen [dafür] gibt, was gute und was schlechte Arbeitsbedingungen« (Helfferich u. a. 2005, S. 281)[8] in der Prostitution sind bzw. sein sollten. Da das neue Gesetz sehr allgemein formuliert ist, »bleibt die Reichweite der Intention« zudem für zahlreiche »Interpretationen offen« (ebd., S. 274). Zur Folge hat dies nicht zuletzt, dass in der konkreten Umsetzung »überall [...] anders mit dem Prostitutionsgesetz umgegangen« wird (Mitrovic 2004b, S. 6). Trotz Prostitutionsgesetz bzw. gerade vor dessen Hintergrund bleibt eine weitgehende »Rechtsverunsicherung auf allen Seiten« bestehen (ebd., S. 10), unter anderem mit der Folge, dass sich trotz neuer Gesetzeslage bisher nur »wenige SexarbeiterInnen [...] im Engagement für ihre Rechte geoutet« haben

7 Die Einschätzung einer möglichen Veränderung bleibt schon allein deshalb schwierig, da »frühere Studien zur Lebenssituation von Prostituierten« oft »keine sichere Grundlage für einen Vorher-/Nachher-Vergleich« liefern (Helfferich u. a. 2005, S. 268).

8 So werden z. B. »Kriterien wie Arbeiten und Schlafen im gleichen Bett oder fehlendes Tageslicht [...] durch Fachleute eindeutig als schlechte Bedingungen gewertet, von den Prostituierten selbst, die diese Umstände gewohnt waren, jedoch nicht ausdrücklich kritisiert« (Helfferich u. a. 2005, S. 281).

und eine »wirkliche Veränderung in der Arbeitsrealität der SexarbeiterInnen durch das Gesetz nicht stattgefunden« hat (ebd. 2007, S. 115). Grundsätzlich wird aber schon »die *Möglichkeit*, einen zahlungsunwilligen Kunden zu verklagen«, mit ihrer das Selbstbewusstsein stärkenden Wirkung als deutliche »Verbesserung angesehen« (Helfferich u. a. 2005, S. 268 f.; Hervorhebung der Verfasserinnen).

Eine solche Stärkung des Selbstbewusstseins insbesondere von Prostituierten zeichnet sich auch darin ab, dass die Frage, ob es sich bei der Prostitution um einen »Beruf« – und ggf. sogar um einen »Beruf wie jeden anderen« – handelt, in der Auseinandersetzung um das Thema Prostitution wachsenden Raum einnimmt. Debatten und Diskurse verweisen hier darauf, dass eine solche Möglichkeit heute durchaus in Betracht gezogen wird, gleichzeitig aber auch sehr umstritten ist: Der auf der einen Seite von Prostituierten-Selbsthilfegruppen wie Hydra und auch einigen Fachberatungsstellen offensiv vertretenen Haltung, »dass es sich bei der Prostitutionstätigkeit um einen ganz ›normalen‹ Beruf handelt« (Laskowski 1997, S. 31), dessen Kennzeichen es sei, dass »sexuelle Dienstleistungen gegen Geld erbracht werden« (ebd.), steht auf der anderen Seite die in Öffentlichkeit, Politik und auch Wissenschaft verbreitete Auffassung gegenüber, dass Prostitution nicht nur bisher, sondern auch grundsätzlich »kein Beruf wie jeder andere« sei (Helfferich u. a. 2005, S. 14) und auch »kein ›Beruf wie jeder andere‹ werden« *sollte* (BMFSFJ 2007, S. 6).

Vor dem Hintergrund der letztgenannten Argumentation wird im politischen Umgang mit der Prostitution oft die Förderung von *Ausstiegsmöglichkeiten* als eine wesentliche Perspektive angesehen: »Ausstieg ist das Ziel« (BMFSFJ/Pressemitteilung v. 24.1.2007), wie etwa die ehemalige Familienministerin Ursula von der Leyen in einer Presseerklärung zum Prostitutionsgesetz feststellt. Hinsichtlich der Frage, »ob und inwiefern durch das ProstG ein Ausstiegswille und dessen Umsetzung gefördert bzw. verhindert wird« (Helfferich u. a. 2007, S. 6), konnte bisher allerdings nur die »Tendenz« festgestellt werden, »dass das ProstG den Ausstiegswünschen von Prostituierten nicht förderlich war, aber auch keine negativen Auswirkungen hatte« (ebd., S. 40).

Neben einer allgemeinen Verbesserung der rechtlichen und sozialen Lage der Prostituierten war ein wesentliches Ziel des Prostitutionsgesetzes auch, »der Begleitkriminalität [...] der Prostitution die Grundlage zu entziehen« (Renzikowski 2007, S. 47). Angesprochen ist mit dem Begriff der »Begleitkriminalität« nach Renzikowski, einem der Gutachter des ProstG, unter anderem die Tatsache, dass die Prostituierte »jederzeit Opfer des Übergriffs durch einen Freier werden« könne (ebd., S. 48), dass unter Prostituierten und in ihrem Umfeld »Gefahren [...] der Konkurrenz« entstehen könnten, dass »eine abgelegene Örtlichkeit«, an der Prostituierte möglicherweise ihrer Arbeit nachgehen, »einen idealen Tatort z. B. für einen Raub« darstellen könne oder auch dass »sich Prostituierte in die Obhut eines Zuhälters oder eines Bordellwirts begeben« könnten, was sie selbst »anfällig für vielfältige Pressionen« mache und zudem im prostitutiven Feld einen »Bereich« schaffe, der sich »im Wesentlichen durch Körperverletzungs-, Sexual-, Gewalt-, Vermögens- und Eigentumsdelikte auszeichnen dürfte« und der ergänzt werde durch »die organisierte Kriminalität durch die Hinterleute« (ebd.).

Zusammenhänge zwischen Prostitution und Begleitkriminalität sind bisher allerdings kaum erforscht, und so ist auch die Wirkung des ProstG in diesem Kontext nur schwer zu ermessen:

> »Es dürfte [...] sehr schwierig, wenn nicht gar unmöglich sein, einen kriminalitätsmindernden oder einen kriminali-

tätsfördernden Effekt des ProstG empirisch auf eine Art zu belegen, die wissenschaftlichen Kriterien genügt. Denn es gibt keine statistischen Untersuchungen, die detailliert Zusammenhänge zwischen der Prostitution und der Begleitkriminalität belegen, so dass eine Veränderung in die eine oder andere Richtung zuverlässig nachgewiesen werden könnte.« (Ebd.)

Auch hier ist man damit wiederum »auf mehr oder weniger plausible Vermutungen angewiesen« (ebd.), deren Zuverlässigkeit kaum überprüfbar ist. Gleichzeitig geht aber schon die Annahme einer erhöhten (Begleit-)Kriminalität der Prostitution oft mit einem gesteigerten Kontrollbedürfnis einher (vgl. Ruhne 2010).

2.3 Menschenhandel und Zwangsprostitution

Als Argument für eine nicht nur von Seiten der Polizei, sondern auch von Politik und (Medien-)Öffentlichkeit immer wieder geforderte Kontrolle der Prostitution wird häufig das Problem des *Menschenhandels* genannt – ein Straftatbestand, der als »besonders menschenverachtend« (Ziercke 2006, S. V) und gleichzeitig als mit dem prostitutiven Feld eng verknüpft charakterisiert wird. Umschrieben werden mit dem Begriff Menschenhandel dabei »Sachverhalte, in denen Personen zum Zweck sexueller Ausbeutung oder sonstiger Formen der Ausbeutung von Arbeitskraft unter Anwendung qualifizierter Tatmittel angeworben, befördert oder aufgenommen werden« (Herz/Minthe 2006, S. 1).

Hintergrund einer eng miteinander verknüpften Wahrnehmung von Menschenhandel und Prostitution ist dabei nicht zuletzt die Tatsache, dass sich die in Deutschland 1973 eingeführten Menschenhandelsvorschriften qua Definition noch bis zum Jahr 2004 »ausschließlich gegen *sexuelle* Ausbeutungsverhältnisse« richteten (ebd.; Herv. d. V.). Obwohl der Straftatbestand inzwischen auf »sonstige Formen der Ausbeutung von Arbeitskraft« ausgedehnt wurde, wird er oft noch immer in seiner ursprünglichen Bedeutung synonym zum Begriff des *Frauenhandels* bzw. der *Zwangsprostitution* benutzt.

Die Bekämpfung des Menschen- bzw. Frauenhandels – eines »EU-weit skandalisierte[n] Phänomen[s]« (Zimowska 2005, S. 155) – gewinnt heute nicht nur in Deutschland, sondern auch »auf europäischer und internationaler Ebene zunehmend an Bedeutung« (Ziercke 2006, S. V) –, und sie bestimmt damit auch die öffentliche Auseinandersetzung mit der Prostitution. Gleichzeitig wird in der (wissenschaftlichen) Auseinandersetzung mit der Problematik sehr deutlich, dass auch diese in ihren »Dimensionen, Ursachen und Auswirkungen« bisher kaum bekannt ist (Plassa 2006, S. 139). Fest steht allenfalls: »Es mangelt an verlässlichen Daten«, schon »das Ausmaß des Menschenhandels [liegt] im Dunkeln« (ebd., S. 139 f.). Die vom BKA veröffentlichten, »offiziellen Fall- und Verfahrenszahlen zu Menschenhandel« (Herz 2006b, S. 338) sind umstritten und sagen nach Meinung zahlreicher Experten und Expertinnen »wenig über das tatsächliche Ausmaß dieses Deliktes« aus (ebd.).

Konkrete, »zuverlässige Zahlen zu den Dimensionen von Zwangsprostitution zu erhalten« (Plassa 2006, S. 141) erscheint schon deshalb »schwierig«, da »die meisten Autoren mit unterschiedlichen Definitionen von Zwangsprostitution arbeiten« (ebd.), was damit zusammenhängt, dass auch das Strafrecht von einem »weiten Begriff der unfreiwilligen Prostitution aus[geht]« (Renzikowski 2007, S. 33).

Vor dem Hintergrund eines Mangels an verlässlichen Daten auf der einen und einer relativen Definitionsoffenheit des Tatbestands des Menschen- und insbesondere des Frauenhandels auf der anderen Seite entstanden und entstehen »Schätzungen mit zum Teil riesigen Spannbreiten« (ebd., S. 140). Den polizeilich seit 1993 registrierten Zahlen von »durchschnittlich 861 Fällen jährlich« (Herz/Minthe 2006, S. 2) stehen Angaben gegenüber, die die »Zahl der in Deutschland in die Prostitution gehandelten Frauen [...] auf mehrere zehntausend im Jahr schätzen«, wobei zugleich von einer steigenden Tendenz (ebd.) und/oder davon ausgegangen wird, dass »Frauenhandel und Zwangsprostitution« schon heute »ein gigantisches Ausmaß angenommen« hätten (Paulus 2003, S. 43).

Die erheblichen Diskrepanzen zwischen ermittelten und geschätzten Zahlen werden vor allem mit der Annahme erklärt, dass beim Menschenhandelsdelikt »von einem hohen Dunkelfeld auszugehen« (Herz 2006b, S. 338) sei und die registrierten Zahlen »nur einen kleinen Ausschnitt des tatsächlichen Ausmaßes von Menschenhandel in Deutschland zeigen« (Herz 2006a, S. 157), was auch mit der »schweren Erreichbarkeit der Zielgruppen« zu tun hat (ebd., S. 157 f.). Schätzungen möglicher Fallzahlen erfolgen jedoch nahezu »ohne empirische Grundlage« (Herz/Minthe 2006, S. 2) und sie sind empirisch auch kaum überprüfbar.

In der Forschung wird daneben bereits seit Längerem auf eine Wahrnehmungsverzerrung in der Auseinandersetzung mit dem Thema Prostitution hingewiesen, die dazu geführt hat, dass heute besonders diejenigen Frauen im Zentrum des öffentlichen und medialen Interesses stehen, die durch »Menschenhändlerringe [...] an Bordelle ›verkauft‹ oder in Appartements festgehalten« werden (Laskowski 1997, S. 33). Einem solchen – historisch keineswegs neuen – »Opferbild« (Doezema 2006, S. 269) der gehandelten Prostituierten, das heute vor allem auf migrierte Sexarbeiterinnen fokussiert und diese als Frauen zeichnet, die »jung, naiv [und] schön« sind, dabei zugleich »ein besseres Leben« erreichen wollen und »angelockt, getäuscht und zur Prostitution gezwungen« werden (ebd.), wird hier entgegengesetzt, dass die meisten in der Prostitution arbeitenden Migrantinnen mehrheitlich keineswegs als Opfer – weder der Verhältnisse noch von Menschenhändlern – zu charakterisieren sind, sondern in der Regel selbstbestimmt als Prostituierte arbeiten (wenn auch eingebunden in ein System ökonomischer Zwänge und Hoffnungen). Auch die »von Prostitutionshandel oder Heiratshandel betroffenen Frauen [versuchen] in der Mehrheit [...], sich selbst eine Zukunft zu verschaffen und ihre Familie, gerade ihre Eltern, im Heimatland zu versorgen« (Lenz/Ramil-Weiss/Tiemann 1993, S. 3). Sie »haben oft eine mittlere bis gute Ausbildung und sind selbstbewusst« (ebd.), schreiben Lenz et al. schon 1993 in ihrer Forschungsexpertise zum Thema Frauenhandel. Auch spätere Untersuchungen bestätigen: Die »überwiegende Mehrzahl der in Deutschland anzutreffenden migrantischen Sexarbeiterinnen entscheidet sich bewusst für ihre Erwerbstätigkeit« (Zimowska 2006, S. 11; vgl. auch: Henning 1997; Koch 1997). Die Prostitution sei auch für Migrantinnen eine »rationale Wahl« in einer im Zuge von Globalisierungsprozessen »zunehmend enger werdenden Welt« (Beste 2000, S. 279). Die Sexarbeit selbst sei in der Regel für sie weit weniger problematisch als die hiermit verknüpfte »Kriminalisierung und Stigmatisierung« (Zimowska 2006, S. 10) der Prostitution, die für Migrantinnen allerdings zusätzlich mit verschiedenen »Dilemmata der Illegalität« verbunden ist (Munk 2006, S. 55).

Migrierte Sexarbeiterinnen sind mehrheitlich zwar »nicht vom Frauenhandel betroffen«, sie haben aber oftmals »keinen gesicherten Aufenthaltsstatus« (ebd., S. 61), wodurch sie »faktisch rechtlos« und damit ausbeutbar werden (Brückner/Oppenheimer 2006, S. 14). Auch die »Regeln des ProstG [kommen] den Ausländerinnen nicht zugute, die ohne legalen Status im Inland [d. h. in Deutschland] die Prostitution ausüben, selbst wenn sie [...] freiwillig handeln« (Renzikowski 2007, S. 51), wie auch in der Evaluation des Prostitutionsgesetzes festgestellt wird.

2.4 Gewalt und Zwang oder selbstbestimmte Dienstleistung?

Die in der kritischen Forschung heute explizit geforderte Ablehnung eines umfassenden bzw. nahezu zwangsläufig gegebenen Opferstatus auch der illegal in der Prostitution arbeitenden Migrantinnen schließt argumentativ an einen in der Frauen- und Geschlechterforschung[9] und auch in der *feministisch orientierten Prostitutionsforschung* vielfach thematisierten »Kampf um Rechte, Respekt und bessere Arbeitsbedingungen« an (Schuster/Sülzle 2006, S. 6), der auch im Hinblick auf die Prostitution bereits »seit Jahrzehnten [...] selbstbewusst« geführt wird – und der »untergraben« wird, wenn »selbst bestimmte Sexarbeiterinnen [...] als Opfer begriffen« werden (ebd., S. 3).

Es gilt hier *zwei differierende Ansätze* zu unterscheiden, die zwar – in Abgrenzung zu früheren Deutungsmustern der Prostitution – in der Grundannahme übereinstimmen, »dass Frauen, die mit Prostitution ihr Geld verdienen, nicht als ›deviant‹ bezeichnet werden können« (Grenz/Lücke 2006, S. 11), sich darüber hinaus aber nahezu unvereinbar gegenüberstehen – auch im Hinblick auf politische Schlussfolgerungen.

Ein früher, auch als »klassisch feministisch« beschriebener Argumentationsstrang deutete und deutet Prostitution dabei vor allem als Mittel zur »Durchsetzung männlicher Macht-, Dominanz- und Herrschaftsansprüche über Frauen und den weiblichen Körper« (Gerheim 2007, S. 43). Prostituierte wer-

9 Hier bezieht sich die Ablehnung eines umfassenden Opferstatus auf Frauen allgemein.

den als »Opfer gesellschaftlicher Verhältnisse« wahrgenommen (Grenz/Lücke 2006, S. 11), das heißt als Opfer männlicher Herrschaftsansprüche. Es wird hier nahezu zwangsläufig »davon ausgegangen, dass Prostituierte *stets* unter ihrer Arbeit leiden [müssen]« (Schmackpfeffer 1989, S. 107; Hervorhebung im Original).

Die oft auch als »Kauf von Prostituierten« wahrgenommenen sexuellen Dienstleistungen[10] stellen vor dem Hintergrund einer solchen Interpretationsfolie stets »ein Gewaltverbrechen« dar, weshalb es die Prostitution in jeder Form »zu bekämpfen gilt«, auch wenn »in Bezug auf die Prostituierten selbst Solidarität geübt werden soll« (Laskowski 1997, S. 43). In Deutschland ist diese grundsätzlich ablehnende Haltung gegenüber der Prostitution heute »deutlich in die Defensive geraten« (Gerheim 2007, S. 126), in der Auseinandersetzung um das Thema Zwangsprostitution, insbesondere während der Fußball-Weltmeisterschaft 2006 war und ist sie aber gleichzeitig weiterhin durchaus virulent – selbst wenn hier als Opfer weniger die Prostituierte allgemein, sondern vor allem die »zwangsgehandelte Migrantin« in den Blick kommt.

Einer solchen Position, die die Prostitution als grundsätzlich problematisch einstuft und diese deshalb »am liebsten abgeschafft sehen« möchte (Grenz/Lücke 2006, S. 13), steht eine Position gegenüber, die Prostitution als »normales« bis sogar »wünschenswertes Dienstleistungsangebot« einstuft (Kontos o. J., S. 15), das es zu schützen und zu fördern gilt. In empirischen Studien, in Veröffentlichungen, auf Tagungen und auch in der Beratungs- und Unterstützungsarbeit steht hier der »Arbeitsplatz Prostitution« (vgl. z. B. Mitrovic 2004a; 2007a) im Zentrum des Interesses. Aufbauend auf der »traditionelle[n]

10 Prostitution wird bis heute oft nicht als eine Tätigkeit gegen Geld wahrgenommen, sondern als die Gesamtpersönlichkeit definierend und beeinträchtigend.

Forderung der Frauenforschung, die Interessen der Betroffenen in den Vordergrund zu stellen« (ebd., S. 94), wird in diesem Zusammenhang meist eine gezielte Förderung des Berufsstatus gefordert. Die »Prostituierte als ›Opfer‹« (Hydra 1988, S. 12) wird zwar nicht unbedingt negiert, als Sexarbeiterin wird hier aber gezielt die »selbstbewusste, emanzipierte Frau« gesehen, die ihre Interessen durchaus auch eigenständig zu vertreten in der Lage ist – und dies auch tut.

Die aus diesem »Kampf um die rechtliche und soziale Anerkennung von Prostitution als Beruf« (Drößler 1994, S. 10) entstandene *Hurenbewegung*[11] hat nicht nur »nachdrücklich auf die vielfältigen Einschränkungen, denen Prostituierte bei der Ausübung ihrer Tätigkeit unterworfen sind«, hingewiesen und sich »für deren Aufhebung« eingesetzt (ebd., S. 11),[12] sondern sich auch in kritischer Auseinandersetzung mit feministischen Positionen in die Diskurse der Frauen- und Geschlechterforschung sowie der Frauenbewegung eingebracht (vgl. z. B. das Prostituiertenprojekt Hydra 1988, S. 9 ff.; Molloy 1992; HWG e. V. 1994).

Auch wenn die beiden skizzierten Positionen selten in Reinform auftreten, bestimmt die Debatte um die Prostitution als »Profession oder Opression« (Weigelt 1989) bzw. die »Kontro-

11 Exemplarisch sind hier z. B. die Prostituierten-Organisationen Hydra in Berlin und HWG/»Huren wehren sich gemeinsam« in Frankfurt am Main zu nennen (wobei Letztere heute nicht mehr existiert). Auch wenn die »Hochphase« der Hurenbewegung »in den achtziger Jahren in der BRD lag«, sind die »von dieser Bewegung entwickelten Positionen [...] weiter lebendig und werden häufig sowohl von professionellen sozialen Hilfeeinrichtungen als auch vom 2002 neu gegründeten ›Berufsverband sexuelle Dienstleistungen e. V.‹ [...] vertreten« (Brückner/Oppenheimer 2006, S. 16).

12 Bis heute findet der Kampf gegen Diskriminierungen dabei vor allem »unter dem Motto: Sexarbeit ist Arbeit« statt (Presse-Erklärung der Fachtagung Prostitution vom 5. Juni 2009; online verfügbar unter ⟨http://no-racism.net/print/2966⟩ [Stand Juni 2011]).

verse um die Einschätzung der Prostitution entweder als Gewalt und Ausdruck von Männerherrschaft oder als sexuelle Dienstleistung« (Brückner/Oppenheimer 2006, S. 18) nicht nur die feministische Forschung zum Thema bis in die heutige Zeit: Wesentlicher Bezugspunkt der Analyse ist und bleibt das »Spannungsfeld zwischen Zwang und Freiwilligkeit, zwischen Opferstatus und selbst gewählter Sexarbeit« (Plassa 2006, S. 141).

2.5 Schlüsselfiguren der Prostitutionsforschung

Da man lange Zeit davon ausging, dass die in der Prostitution arbeitenden Frauen »selbstverständlich [...] die Schlüsselfigur[en]« im Feld seien (Millet 1981, S. 43), richtete sich der Fokus von Untersuchungen in der Vergangenheit fast ausschließlich auf die »Person Prostituierte« (Molloy 1992, S. 8), ihre Lebensbedingungen und/oder ihre biografischen Wege in die Prostitution. Bereits seit Anfang des 20. Jahrhunderts wurden so verschiedene Theorien zu den Ursachen der Prostitution entwickelt, die sich überwiegend an der isoliert betrachteten Situation der in der Prostitution arbeitenden Frauen orientierten.[13]

Die Prostitutionsforschung, die lange vor allem eine »Devianzforschung« war, ist somit auch als *Prostituierten*forschung zu charakterisieren (Grenz/Lücke 2006, S. 10 f.). Im Zentrum stand dabei die Frage, warum die Prostituierte »überhaupt dieser Tätigkeit nachgeht« (ebd., S. 11),[14] die – in Unverständnis

13 Zu den verschiedenen Ansätzen genauer z. B. Laskowski 1997, S. 93 ff.

14 Zu diesem Zweck wurden lange z. B. auch die Körper von Prostituierten »vermessen oder ihre Tätowierungen wurden untersucht. Es wurde die Frage diskutiert, inwiefern von ›geborenen Prostituierten‹ gesprochen werden konnte, deren Tätigkeit mit der Hysterie zusammenhing« (Grenz/Lücke 2006, S. 11).

für die Wahl einer als deviant markierten Tätigkeit – in der Regel damit beantwortet wurde, dass die Prostituierten »als asozial« und deviant charakterisiert wurden (Laskowski 1997, S. 93). Die heute verbreitete Annahme, »Frauen, die mit Prostitution ihr Geld verdienen«, seien »nicht als ›deviant‹« anzusehen (Grenz/Lücke 2006, S. 11), konnte sich in Europa erst in den siebziger Jahren durchsetzen.

Die (bisherige) Zentralstellung der Prostituierten im Kontext der Forschung ebenso wie in (medien)öffentlichen Auseinandersetzungen sowie die damit verbundenen, oben skizzierten Basis-Charakterisierungen ihrer Herkunft, Identität und/oder auch Rolle im Feld und in der Gesellschaft sind als verbreitete *Wahrnehmungsmuster* für aktuelle Forschungen von zentraler Relevanz. In ihrer Aussagekraft im Hinblick auf das Feld und/oder auch auf die Person der Prostituierten sind sie allerdings deutlich beschränkt, denn sie beziehen sich fast ausnahmslos auf stereotype und auch stereotypisierende Annahmen, die den Blick auf die gesellschaftliche Wirklichkeit der Prostitution oft weit weniger erhellen als vielmehr verstellen.[15]

Da es sich bei der Prostitution grundsätzlich immer noch um eine *verheimlichte, tabuisierte und aus dem Alltagsleben verdrängte Grauzone* handelt, gelten Aussagen über die im Feld arbeitenden Frauen bisher als »nur bedingt möglich« (Laskowski 1997, S. 80). Es scheint allerdings festzustehen, dass Prostituierte »entgegen einer verbreiteten Auffassung keine homogene Gruppe« darstellen (ebd., S. 81). Sie weisen »einen unterschiedlichen Bildungs- und Ausbildungshintergrund auf«, stammen aus sehr »unterschiedlichen sozialen Gruppen«, und auch hinsichtlich des Alters lassen sich kaum einheitliche Aussagen treffen (ebd., S. 85): »Es gibt nicht ›die‹ Prostitution und nicht

15 In der Forschung zum Feld stellen stereotype Wahrnehmungsmuster deshalb eine besondere Herausforderung dar (vgl. Ruhne 2009).

›die‹ Prostituierten. Prostitution wird von teilweise sehr unterschiedlichen Personen bzw. Gruppen aufgrund unterschiedlicher Motive und Lebenslagen sowie in unterschiedlichem Kontext an den verschiedensten Orten ausgeübt.« (Helfferich u. a. 2005, S. 15)

Ein gemeinsamer Nenner besteht für Prostituierte allenfalls darin, dass mit Prostitution der Lebensunterhalt oder auch nur ein Existenzminimum gesichert werden soll (ebd., S. 15). Im Mittelpunkt der Sexarbeit steht für die Prostituierte oder auch Sex*arbeiterin* »immer das Geld« (Schuster 2003, S. 43), wobei im Hinblick auf die Arbeit der Prostituierten aber oft »suggeriert [wird], dass sexuelle Dienstleistungen anzubieten ein die Gesamtpersönlichkeit definierendes Merkmal und nicht Tätigkeitsbeschreibung ist« (Langer 2003, S. 9).

In jüngerer Vergangenheit kommt neben der Prostituierten als eine weitere Schlüsselfigur in der Analyse des Feldes der Prostitution vor allem auch der *Freier*, das heißt die nachfragende Seite im Dienstleistungsgeschäft, in den Blick. Wurde die Gruppe der Freier – der eigentlich »tabuisierte Teil des Prostitutionsgeschäftes« (Bilitewsky u. a. 1994, S. 11) – schon aufgrund ihrer schweren Erreichbarkeit bis in die neunziger Jahre hinein, wenn überhaupt, dann vor allem als eine »anonyme, konturlose Masse« berücksichtigt (ebd., S. 12), so wird sie heute mehr und mehr zu einem expliziten Gegenstand der Prostitutionsforschung.

Schon in den achtziger Jahren hatte Roland Girtler die Kunden der Prostituierten in seiner Untersuchung *Der Strich* (1990) gezielt in den Blick genommen. Dabei kamen allerdings (noch) nicht die Freier selbst zu Wort, sondern »›nur‹ die Personen [...], mit denen der Kunde zu tun hat«. Aussagen über die »Gründe [von Freiern], zu einer Prostituierten zu gehen« beruhten hier noch rein auf »qualitativen Interviews mit erfahrenen Prostituierten und Zuhältern« (ebd., S. 143). Obwohl es für

Girtler eigentlich »das Naheliegendste gewesen« wäre, »direkt mit Kunden über ihre Beziehungen zu Prostituierten und ihre Motive, eine Prostituierte aufzusuchen, zu diskutieren«, erschien ihm dies noch als »ein unmögliches Unterfangen«, da »nur die wenigsten Kunden [...] bereit sein [würden], über sich und ihre Beweggründe zu erzählen« (ebd.).

Was Girtler noch nicht möglich war, gelang Anfang der neunziger Jahre der Prostituierten-Organisation Hydra: Das »heimliche Treiben der Männer« (Bilitewski u. a. 1994) konnte hier unter Mitarbeit aktiver und ehemaliger Prostituierter – den privilegierten Zugang zum Forschungsobjekt nutzend – in direkter Auseinandersetzung mit dem Freier analysiert werden. Zentraler Anlass für weitere Studien, die den Kontakt zum Freier suchten (und fanden), war die eingangs bereits aufgegriffene Aids-Problematik. Die Suche nach möglichst umfassenden Präventionskonzepten ließ es dringend erforderlich erscheinen, das bisher fehlende Wissen über »soziale und psychologische Charakteristika von Besuchern weiblicher Prostituierter« (Kleiber/Velten 1994) – so die Fragestellung einer in »Zeiten von AIDS« (ebd.) entstandenen Studie – zu erweitern. Neuere Arbeiten wenden sich dem »Forschungsgegenstand der heterosexuellen Prostitutionskunden« (Gerheim 2007, S. 131) auch zunehmend unter geschlechterkritischer Perspektive zu. Gefragt wird hier zum Beispiel nach spezifischen »(Männer)bildern im Rahmen von Prostitution« (Howe 2008c, S. 239) und/oder auch nach Zusammenhängen von »Geld und Macht, Konsum und Geschlecht« (Grenz 2007, S. 233).

Grundsätzlich aber steckt die »bundesdeutsche Freierforschung noch in den Kinderschuhen« (Gerheim 2007, S. 125). Wesentliche Eckdaten der »Kundenanalyse« (Grenz 2007, S. 9), wie der zahlenmäßige Anteil der Freier an der Gesamtbevölkerung, beruhen auf Schätzungen, weil es »keine Institutionen gibt, in denen Prostitutionsbesuche systematisch erfasst würden, und weil Prostitutionsbesuche aus Angst vor Stigmatisierung oder anderen negativen Konsequenzen [von den Freiern selbst] wohl oftmals verschwiegen werden« (Kleiber/Velten 1994, S. 16).

Angaben in verschiedenen Studien schwanken »enorm (zwischen 10 Prozent und 88 Prozent)«, ihr Aussagewert ist deshalb »leider entsprechend eingeschränkt« (ebd., S. 17). Selbst auf einer »sehr basalen Ebene« (Gerheim 2007, S. 125) ist noch »relativ wenig« (ebd.) über Freier bekannt, was vermutlich damit zusammenhängt, dass auch Studien, die sich gezielt mit Freiern auseinandersetzen, lange »deren Devianz in den Vordergrund stellten« – eine »Tendenz«, die sich teilweise noch »bis in die 1980er Jahre hinein[zog]« und »bis heute nicht gänzlich verschwunden« ist (Grenz/Lücke 2006b, S. 11).

2.6 Erforschung des Randständigen im Zentrum der Gesellschaft

Der Überblick über den Forschungsstand zur Prostitution in Deutschland zeigt ein breites Spektrum einschlägiger Forschungsarbeiten, die das Feld in vielfältiger Weise erhellen, gleichzeitig aber auch auf zahlreiche offene Fragen verweisen. Vor dem Hintergrund eines immer wieder als erschwert charakterisierten Feldzugangs fehlen nicht nur verlässliche (quantitative) Grunddaten, sondern auch die (qualitative) Auseinandersetzung mit Akteuren und Akteurinnen im Feld scheint nur in sehr begrenztem Maße möglich zu sein. Untersucht werden zudem oft Einzelaspekte oder auch herausgehobene Akteursgruppen, deren Bedeutung für eine Analyse des Feldes der Prostitution zwar unzweifelhaft, stets aber auch begrenzt ist. Eine umfassendere Analyse der Prostitution als ein *soziales Phänomen,* das sich in seiner je spezifischen Ausformung im

Kontext eines Figurationsgefüges unterschiedlichster Akteure/-innen herausbildet und das untrennbar mit gesamtgesellschaftlichen Bedingungen, Regeln, Handlungsmustern, symbolischen Bedeutungen und Wahrnehmungsweisen verknüpft ist, wurde bisher höchstens in historischen Forschungsarbeiten geleistet,[16] in der aktuellen Forschung zur Prostitution steht sie noch weitgehend aus. Ebenso kommen *räumlich-soziale Bedingungen* in der aktuellen deutschen Prostitutionsforschung kaum in den Blick, obwohl sie eine zentrale Bedeutung im städtischen Gefüge haben, was unter anderem die auch heute noch als unerlässlich geltenden Sperrgebietsverordnungen belegen.[17]

Prostitution wird zwar im gesellschaftspolitischen Umgang ausgegrenzt, ist aber im Zentrum der Gesellschaft anzusiedeln, hierauf weisen einschlägige Arbeiten immer wieder hin. Eine umfassende Auseinandersetzung mit dem Thema scheint schon aus diesem Grund mehr als sinnvoll zu sein. Geradezu unerlässlich wird eine erweiterte, unterschiedliche Perspektiven und Handlungsweisen berücksichtigende Analyse der hier relevanten Konstruktions- und Konstitutionsprozesse aber vor allem vor dem Hintergrund eines verbreiteten Nichtwissens, das nicht nur die (medien)öffentliche, sondern auch die forschende Auseinandersetzung mit dem Feld immer wieder anfällig werden lässt für »Mythen« (Gerstendörfer 2001, S. 103) der unterschiedlichsten Art.

16 Hintergrund könnte hier ein grundsätzlich leichterer, weil auf zeitgenössischem Quellenmaterial basierender Zugang zum Feld sein.

17 Für Großbritannien zeigt Phil Hubbard in diesem Kontext beispielsweise auf, dass die Prostituierte als das Andere zur dominanten heteropatriarchalen Norm konstruiert wird, was seine Entsprechung in der Wahrnehmung des Rotlichtviertels als »space of Other« finde (Hubbard 1998, S. 56).

3. Prostitution in Frankfurt am Main

Prostitution ist in Frankfurt am Main ein verbreitetes Phänomen, das unsere Interviewpartner als »kaum wegzudenken« und sogar als »etabliert« bezeichnen. Für eine Metropole wie Frankfurt gilt eine »große Szene« als Selbstverständlichkeit. Gleichzeitig wird das Feld jedoch als »problematisch«, »tabuisiert«, als kaum einsehbar oder auch als eine umstrittene »Grauzone« erlebt. Vor dem Hintergrund einer im Feld selbst sehr stark wahrgenommenen Abwertung der Prostitution entsteht hier immer wieder ein großes Bedürfnis nach Anonymität. Zu Umfang und Verteilung gibt es schon deshalb auch in Frankfurt kaum gesicherte Daten. Nicht nur Bürger/-innen müssen sich für eine Einschätzung des Geschehens auf ihre persönliche Wahrnehmung verlassen, sondern auch Vertreter/-innen der Stadt, von Polizei und Ordnungsbehörden oder auch Beratungsstellen »können da nur schätzen« (Polizist E.).

So schwanken zum Beispiel die Angaben zur Zahl der Prostituierten in der Stadt zwischen 1200 (Polizist F.) und 2000 (Beratungsstelle A.). Für Messezeiten wird allgemein eine etwas höhere Zahl angenommen, da die Nachfrage steige – auch dies bleibt aber umstritten. Aus polizeilicher Sicht handelt es sich dabei lediglich um ein »Gerücht« aus früheren Zeiten (Polizist F.), das heute »nicht mehr tragfähig« sei. Auch in Polizeikreisen geht man zwar von einer größeren Nachfrage zu Messezeiten aus, die aber dadurch gedeckt werde, »dass die einzelnen Frauen einen höheren Umsatz haben« (Polizist F.). Überwiegend – und ohne Berücksichtigung besonderer Ereignisse –

wird die Gesamtzahl der Prostituierten in Frankfurt auf ca. 2000 Personen geschätzt,[18] die sich auf ein ausdifferenziertes Feld verteilen.

Auch wenn sich Prostitution schlicht als »Sex gegen Geld« beschreiben lässt, so gibt es in Frankfurt wie auch anderswo sehr unterschiedliche Formen, die gemeinsam eine stadtspezifische Struktur des Feldes bilden. Auf die für das Frankfurter Prostitutionsgeschehen wesentlichen Formen soll deshalb kurz eingegangen werden.

Am bedeutendsten und im öffentlichen Raum auch am präsentesten ist in Frankfurt die Bordell- oder auch Laufhaus-Prostitution: Hier arbeiten ca. 1200 Prostituierte (Leopold/Steffan/Paul 1997, S. 144). Eine weitere wesentliche Form stellt die in der Öffentlichkeit kaum wahrnehmbare Wohnungs- bzw. Appartement-Prostitution dar: Hier arbeiten ca. 500 bis 800 Frauen. In FKK- und Sauna-Clubs arbeiten bisher nur wenige Frauen,[19] nach Aussagen einiger Interviewter handelt es sich aber um einen wachsenden Bereich.

Auf der Straße bzw. auf dem sogenannten Straßenstrich arbeiteten 1997 nach Leopold u. a. noch ca. 250 Frauen (ebd. 1997, S. 144). Nach eigenen Beobachtungen und Interviewaussagen von Behörden und Beratungsstellen ist der (professionelle) Straßenstrich heute aber nahezu bedeutungslos geworden. Die öffentliche Wahrnehmung wird allerdings stark von der im Bahnhofsviertel angesiedelten »Beschaffungs-Straßenprostitution«, dem sogenannten »Drogenstrich«, bestimmt.

18 Auch in den von Leopold u. a. geführten Interviews schwankten die Angaben zur Gesamtzahl der Prostituierten in Frankfurt am Main zwischen 1150 und knapp 2000 (Leopold/Steffan/Paul 1997, S. 143).

19 Hier arbeiteten nach Leopold u. a. 1997 ca. 160 bis 200 Frauen. Die Beratungsstelle B. geht von ca. 50 Frauen aus.

3.1 Wesentliche Formen der Prostitution in Frankfurt am Main

Wohnungs- bzw. Appartement-Prostitution

Wohnungs- oder Appartement-Prostitution wird, der Name sagt es bereits, in Privatwohnungen betrieben. Der Kontakt mit Freiern kommt hier über Anzeigen zustande, die die Frauen schalten. Interessenten melden sich telefonisch und kündigen sich für einen bestimmten Zeitpunkt an, weshalb auch der Begriff »Terminwohnung« gebräuchlich ist. Die Zimmer sind in der Regel berufsgerecht möbliert, das heißt, sie verfügen vor allem über ein mehr oder weniger dominantes Bett. Gleichzeitig sind sie, am Stil der Wohnung orientiert, individuell eingerichtet und mit Accessoires für spezielle Angebote versehen (Wellness, Massage, SM usw.). Neben den »Arbeitszimmern« sowie sanitären Einrichtungen gibt es in den Appartements meist Koch- und Aufenthaltsräume für die (gerade nicht arbeitenden) Frauen.

Auch bei dieser Form der Prostitution steht der sexuelle Akt im Vordergrund, allerdings in »gehobener« und bewusst diskreter Atmosphäre. Da »der Gast, der hierher kommt, [...] Diskretion« sucht (Betreiberin E.), gehören Vorhänge und Stellwände als flexibel einsetzbare Sichtschutz-Elemente nahezu selbstverständlich zur Innenraumgestaltung. Als Kunde kann man deshalb in Terminwohnungen viel leichter anonym bleiben als etwa in Bordellen. Auch wenn einzelne Kunden möglicherweise offen mit ihrem Besuch umgehen, werden sie von den Frauen in der Regel dezent darauf hingewiesen, dass »der andere Gast« durchaus Wert auf Diskretion legen könnte (ebd.).

Zwar kommen auch in der Wohnungsprostitution »Quickies« vor, das heißt relativ kurze sexuelle Akte, allerdings nur »ganz wenig« (ebd.). In der Regel bleiben Freier hier eine halbe Stunde und zahlen dafür Preise, die bei 50 bis 60 Euro beginnen. Da hier »eine andere Leistung« (Freier N.) geboten wird und diese Form der Prostitution »schon teurer« (Beratungsstelle C.) ist als die Bordellprostitution, spricht sie einen deutlich »anderen Kundenkreis« an (ebd.). Zwar gehören die »obersten Zehntausend« (Betreiberin E.) nicht unbedingt zum typischen Kundenstamm, aber auf einen »gesunden Mittelstand« kann man sich hier verlassen (ebd.).

Das Angebot für Freier wird allerdings dadurch, dass im Vergleich zum Bordell zum Beispiel nur sehr wenige Frauen gleichzeitig anwesend sind, auch als deutlich eingeschränkter erlebt und ist grundsätzlich etwas höherschwelliger als ein Besuch im Laufhaus. Begründet wird dies mit dem – auch emotional – größeren Aufwand, der bereits im Vorfeld zu leisten sei. Nicht nur ein längerer Anfahrtsweg ist in der Regel zu überwinden, sondern man muss auch überhaupt »erst mal den Mut haben, da anzurufen« (Bordellbetreiber O.). Der Kontakt zu den Frauen wird in der Wohnungsprostitution im Allgemeinen als direkter und intensiver erlebt, was zwar für Freier teilweise eine Hürde darstellt, diese Form der Prostitution aber für Stammkunden auch besonders attraktiv macht. Im diskreten Ambiente der Wohnung kann eine als privat erlebte Atmosphäre entstehen, die von den hier arbeitenden Frauen wie auch von ihren Kunden sehr geschätzt wird. Positiv hervorgehoben wird nicht zuletzt eine besondere Reinlichkeit: Hier ist man in der Regel vor dem Akt erst einmal »in die Badewanne gestiegen« (Freier K.; vgl. auch Kapitel 8). Der diskrete und eher private Charakter, der durch den Ort des Geschehens – die Privatwohnung und deren Einrichtung – unterstrichen bzw. hergestellt wird, unterscheidet die Wohnungsprostitution deutlich von den in Großbordellen angebotenen Sexdienstleistungen, da die Bordelle in sehr viel stärkerem Maß als reine Arbeitsstätten wahrgenommen werden.

Da Terminwohnungen in der Stadt Frankfurt bisher nicht als Gewerbebetriebe im Bereich der Prostitution angemeldet werden können, werden diese, sofern hier mehrere Frauen arbeiten, ähnlich den Laufhäusern als Zimmervermietungen geführt. Wohnungs- bzw. Appartement-Prostitution findet den Interviewaussagen zufolge in Frankfurt in ca. 150 bis 170 bordellartig betriebenen Wohnungen verteilt über das gesamte Stadtgebiet statt (vgl. dazu auch Leopold u. a. 1997, S. 145). Auch wenn es »überall so ein bisschen« Wohnungsprostitution gibt (Beratungsstelle D.), ist sie im Stadtgebiet nahezu unsichtbar. Sichtbar wird sie oft erst über Kontakte, die die Frauen zum Beispiel zu Beratungsstellen herstellen, oder durch Anzeigen von Nachbarn, die sich gestört fühlen. Quantitativ lässt sich diese Form der Prostitution besonders schwer einschätzen.

FKK- und Sauna-Clubs

»FKK-Clubs sind der letzte Schrei. In den vergangenen fünf Jahren erlebten sie einen Boom, der seinesgleichen sucht«, stellte Marcel Feige 2003 für die Bundesrepublik insgesamt fest (2003, S. 230). Dieser Trend kann auch für Frankfurt zumindest teilweise bestätigt werden. Nach Angaben einer Frankfurter Prostituiertenberatungsstelle arbeiteten in den FKK- und Sauna-Clubs der Stadt 2005 insgesamt etwa 50 Frauen. Die Zahl dürfte seither gestiegen sein.

Grundsätzlich kann man FKK-Clubs mit den bereits in den siebziger Jahren entstandenen Sauna-Clubs vergleichen, in gewisser Hinsicht können sie auch als Nachfolger der Sauna-Clubs gelten.[20] Nicht nur die (aufwendig gestalteten) Werbemittel der Clubs, sondern auch die Freier betonen den gehobenen Freizeitcharakter dieser Einrichtungen, die mit Wandmalereien,

20 Einer der ersten Sauna-Clubs wurde Anfang der siebziger Jahre in Frankfurt am Main eröffnet (vgl. Feige 2003, S. 568).

Pools, Thekenbereichen usw. oftmals »prächtig« ausgestattet sind (Experte T.). Gegen einen Eintrittspreis von 30 bis 70 Euro (je nach Einrichtung und Service) kann man als Freier »ganze Nachmittage in der Sauna« verbringen, zwischendurch »wie im Freibad« nach draußen gehen und sich sonnen (Freier M.). Ein weiterer Vorteil besteht darin, dass man Freunden oder Angehörigen relativ offen erzählen kann, dass man in der Sauna war. Die Verknüpfung von Wellness-Angeboten und »normaler« Freizeitbeschäftigung sowie der Möglichkeit, das Tabu Prostitution sprachlich zu umgehen, scheint ein Erfolgsgeheimnis zu sein, das auch in der Wohnungsprostitution teilweise bewusst aufgegriffen wird. Die Prostituierten zahlen im Sauna-Club ebenfalls ein (meist etwas verringertes) Eintrittsgeld und rechnen ihre Dienstleistungen eigenständig mit den Freiern ab. Trotz der sich unter anderem darin ausdrückenden Selbständigkeit ist die Arbeit tendenziell etwas abhängiger und unselbständiger als in der Wohnungs- oder der Laufhaus-Prostitution. Neben teilweise vorgegebenen Arbeitszeiten sowie der verbreiteten Kleiderregel, dass Frauen und Männer (bis auf ein Handtuch) unbekleidet sind, ist der Konsum alkoholhaltiger Getränke oft kaum zu vermeiden. Im Gegenzug bekommen die Frauen aber – ähnlich wie in Laufhäusern – eine Unterstützung bei der Organisation ihres Alltags.

Die von Kunden teilweise sehr geschätzte Sauna-Club-Prostitution ist grundsätzlich (und dies ist eine weitere Parallele zur Wohnungsprostitution) mit »einer ganz anderen zeitlichen« und »finanziellen Dimension« (Freier M.) verbunden als die Bordell- oder auch die Straßenprostitution, was Freier teilweise auch abschreckt.

Straßenprostitution findet, wie der Name schon sagt, auf der Straße statt, was sich zunächst einmal vor allem auf die Form der Kontaktaufnahme mit dem Kunden bezieht: »Die Prostituierten stehen am Straßenrand und warten auf Freier, die in der Regel im Auto vorbeigefahren kommen, anhalten und sich eine Hure aussuchen, die zu ihnen ins Auto steigt« (Feige 2003, S. 626).

In Frankfurt ist Straßenprostitution heute lediglich an zwei Orten erlaubt, nämlich an den »Parallelnebenstraßen der Theodor-Heuss-Allee von Kreuzung Philippstraße bis westlich der Emser Brücke« sowie an der »Straße Deutschherrnufer zwischen Deutschherrnbrücke und Flößerbrücke/Wasserweg (Kreuzungsbereich ausgenommen)«,[21] sie konzentriert sich allerdings »vor allem am Messegelände auf ein [...] kurzes Stück der Seitenstreifen der Theodor-Heuss-Allee« (Leopold u.a. 1997, S. 145). Wie bereits festgestellt wurde, ist die Straßenprostitution in Frankfurt heutzutage nahezu bedeutungslos geworden, selbst zu Messezeiten stehen an der Theodor-Heuss-Allee nur »vereinzelt Frauen« (Freier M.). Das Deutschherrnufer wurde von Prostituierten und Freiern wohl auch in der Vergangenheit schon kaum genutzt. Allenfalls noch in der Innenstadt, zwischen Hauptwache und Konstablerwache, scheint es »eine unterschwellige Straßenprostitution« zu geben (Beratungsstelle D.).

Auch für Frankfurt bestätigte sich in unseren Interviews, dass von »allen Formen der Prostitution [...] die Straßenprostitution die am wenigsten geachtete« ist (Feige 2003, S. 625 f.). Unsere Gesprächspartner/-innen führten dies darauf zurück,

21 Beide Gebietsangaben aus: Verordnung zum Schutze der Jugend und des öffentlichen Anstandes in Frankfurt am Main vom 23. Dezember 1986 (Sperrgebietsverordnung).

dass es hier vor allem um den »ganz schnellen Fick für ganz wenig Geld« gehe. Gleichzeitig schätzen Freier den Straßen- oder »Autosex« (Freier U.) aber sehr – und dies nicht nur, weil der finanzielle und zeitliche Aufwand geringer ist als bei anderen Formen der Prostitution, sondern auch, weil man es sich im Sommer zum Beispiel »mit einer Decke aus dem Kofferraum so gemütlich wie beim Picknicken« machen kann (ebd.).

Für die wenigen verbliebenen Straßenprostituierten in Frankfurt sind bei der Wahl ihres Arbeitsfeldes neben Nachteilen (etwa der möglicherweise erhöhten Gefahr an abgelegenen Straßen oder der mit dieser Form der Prostitution oft verbundenen besonderen sozialen Degradierung) durchaus auch Vorteile ausschlaggebend, zum Beispiel der Wegfall von Kosten für Zimmermiete und Werbung oder auch die Möglichkeit, die Arbeitszeit frei und selbstbestimmt einteilen zu können.

Der eher schlechte Ruf der Straßenprostitution dürfte grundsätzlich auch damit zusammenhängen, dass diese oft als eng mit der Beschaffungsprostitution, dem sogenannten Drogenstrich, verknüpft wahrgenommen wird. Neben dem legalen Straßenstrich an der Theodor-Heuss-Allee, wo »vor allem die Frauen stehen, die sich als ›professionelle‹ Prostituierte bezeichnen beziehungsweise als solche bezeichnet werden« (Langer 2003, S. 12), existiert in Frankfurt bereits seit Langem ein auffälliger und allgemein bekannter Straßenstrich im Bahnhofsviertel, auf dem »überwiegend Drogen konsumierende Frauen arbeiten« (ebd.). Dieser ist zwar illegal, wird vom Ordnungsamt aber geduldet und bestimmt die Wahrnehmung der Straßenprostitution insgesamt sehr stark.

Aufgrund ihrer für die heutige Zeit durchgehend bestätigten Marginalität wird die Straßenprostitution in der vorliegenden Untersuchung nur am Rande aufgegriffen.

Bordell- bzw. Laufhaus-Prostitution

Der Name »Bordell« ist ein aus dem Französischen übernommener Begriff, der »eigentlich auf jede Art von Prostitutions-Etablissement zutrifft« (Feige 2003, S. 125). Heute versteht man darunter allerdings in der Regel Eros-Center bzw. Laufhäuser. Die vor allem in den sechziger Jahren als modern geschätzten Einrichtungen leiten ihren Namen von der Tatsache ab, dass die Freier hier »unbehelligt vom Rest der Welt« durch Treppenhäuser und Flure laufen können (ebd., S. 393), vorbei an Zimmern, in deren Türrahmen sich die Mieterinnen präsentieren und ihre sexuellen Dienste anbieten. Wie Feldbeobachtungen und Interviews bestätigten, trifft diese Form der Prostitution in Frankfurt auf eine starke Nachfrage: Nach Angaben eines Bordellbetreibers durchlaufen an »schlechten Tagen« ca. 1000, an »guten Tagen« bis zu 2000 Männer sein 33 Zimmer umfassendes Etablissement im Bahnhofsviertel, in anderen Häusern seien die Zahlen vergleichbar.[22]

Bordelle und Laufhäuser sind in Frankfurt überwiegend im Bahnhofsviertel angesiedelt. Insgesamt stehen hier nach Angaben einer ortsansässigen Beratungsstelle 678 Zimmer in insgesamt 22 Häusern zur Verfügung. Damit ist die »Bordellprostitution im Frankfurter Bahnhofsviertel [...] mit knapp 50 Prozent der Gesamtzahl aller im örtlichen Prostitutionsgewerbe tätigen Frauen das Zentrum der Prostitution« (Beratungsstelle A.). Daneben stehen in der Breiten Gasse zusätzlich vier Häuser mit insgesamt 148 Zimmern zur Verfügung sowie ein Haus in der Oskar-von-Miller-Straße mit 25 Zimmern, die von der

22 Auch wenn die Zahl der Laufkundschaft keineswegs mit der Zahl der Kunden der dort arbeitenden Prostituierten gleichgesetzt werden kann, da viele Männer sich lediglich umsehen, verdeutlichen die Zahlen aber doch den durch das Prostitutionsangebot hervorgerufenen Publikumsverkehr im Bahnhofsviertel.

Anzahl der Zimmer her jedoch als »zweit- und drittrangig« einzuschätzen sind (Experte T.).

Die auffällige räumliche Konzentration der Bordelle hängt zum einen mit positiven Standortfaktoren und der guten Erreichbarkeit durch die Nähe zum Hauptbahnhof zusammen, zum anderen mit stadtpolitischen Entwicklungen, in deren Zuge sich die Prostitution gerade hier als Bordellgewerbe etablieren konnte.

Geführt werden die Etablissements als Zimmervermietungen. Nach Auskunft der Betreibenden haben sie oft einen hotelähnlichen Charakter. Frauen können sich hier gegen eine Tagesmiete von 120 bis 130 Euro einmieten. Die Zimmer sind – ähnlich wie in den Terminwohnungen – funktional, das heißt vor allem mit einem Bett ausgestattet. Neben den individuellen Einrichtungsgegenständen der jeweiligen Frauen gehört meist auch ein Fernseher zur Grundausstattung. In vielen Häusern gibt es – für Freier nicht zugängliche – Sozialräume, in die sich die Frauen zur Entspannung und zum Austausch zurückziehen können. Die meisten Laufhäuser bieten den Mieterinnen darüber hinaus ein gewisses Maß an Sicherheit durch Videoüberwachung, Wachpersonal bzw. Wirtschafter sowie Notrufknöpfe. Prinzipiell arbeiten die Frauen in den angemieteten Zimmern selbständig und auf eigene Rechnung; auch ihre Zeit können sie sich frei einteilen.[23] Ein Teil der Frauen hat noch eine andere Wohnung in Frankfurt, andere wohnen – meist aus Kostengründen – in den Laufhäusern.

Insgesamt gilt dieses Modell – ähnlich wie die Straßenprostitution – für Freier als kostengünstige und »schnelle Angele-

23 Dass die Bordellbetreibenden keine »Dienstanweisungen« an die Frauen erteilen, sondern lediglich ihre Miete einfordern, wurde auch in den Gesprächen mit Beratungsstellen bestätigt. Lediglich die freie Zeiteinteilung scheint in einigen Bordellen durch eine vorgegebene Schließungszeit beschränkt zu sein.

genheit« (die Preise beginnen hier bei 25 Euro für zehn Minuten), wobei die Bordell- im Vergleich zur Straßenprostitution als höherwertig eingestuft wird. Im Vergleich zu den in Terminwohnungen oder Sauna-Clubs angebotenen sexuellen Dienstleistungen handelt es sich dabei zugleich um ein niedrigschwelliges Angebot, da man sich anonym in der Masse anderer Interessierter bewegen und – falls man einen Kollegen oder Freund trifft – immer behaupten kann, man habe sich nur mal umschauen wollen.

3.2 Das Bahnhofsviertel als räumlicher Kristallisationspunkt der Prostitution

Das Frankfurter Bahnhofsviertel ist das traditionelle Rotlichtviertel der Stadt. Allein schon durch seine »optische Präsenz« (Experte T.) wird das Quartier als ein zentraler Ort der Prostitution in Frankfurt wahrgenommen. Von besonderer Bedeutung ist das Viertel aber auch, weil es einen Kristallisationspunkt für die prägende Frankfurter Prostitutionsform Bordell darstellt. Bei der lokalen Analyse kommt dem Areal somit eine Schlüsselfunktion zu.

Die besondere Bedeutung des Bahnhofsviertels für das Prostitutionsgeschehen ist dabei eng mit der guten Erreichbarkeit auch für Nicht-Frankfurter und mit dem hohen (Durchgangs-)Verkehrsaufkommen verknüpft. Laufhäuser gibt es hier in einem recht kleinen Bereich, nämlich in der Mosel-, der Taunus- und der Elbestraße. Rote Herzen, Reklametafeln, entsprechend gestaltete Schaufenster und große Schilder an den Eingängen (»Eros Center«, »Sexyland«, »Erotik-Shop«, »Erotik-Bar« usw.) weisen vor allem nachts deutlich auf die angebotenen Dienstleistungen hin.

Grundsätzlich fällt heute vor allem der hohe Migrantinnenanteil unter den Prostituierten im Bahnhofsviertel auf. Während man allgemein von etwas mehr als 50 Prozent ausgeht (vgl. z. B. Mitrovic 2002, S. 70), machen Migrantinnen hier ca. 90 bis 95 Prozent der im Gewerbe beschäftigten Frauen aus. Nach Angaben einer im Bahnhofsviertel angesiedelten Beratungsstelle stammen dabei 47 Prozent aus Südamerika und der Karibik, 22 Prozent aus Thailand, 20 Prozent aus Osteuropa, elf Prozent aus Westeuropa und einige wenige aus Afrika und dem Nahen Osten (Beratungsstelle A.). Der hohe Anteil der Migrantinnen erklärt sich hier unter anderem durch den bis vor wenigen Jahren noch eher niedrigen Standard der Arbeitsbedingungen in den Häusern, der Prostituierte aus Deutschland und der Europäischen Union dazu veranlasste, das Quartier zu verlassen. Außerdem scheint eine Rolle zu spielen, dass das Viertel immer wieder im Mittelpunkt öffentlicher Kontroversen stand und steht (Beratungsstelle D.).

Für Außenstehende wirken das Geschehen und die Menschen im Bahnhofsviertel zunächst oft wie ein »buntes Gemisch« (Langer 2003, S. 20). Erste Ortserkundungen hinterließen durchaus Gefühle der Verwirrung angesichts einer für uns kaum zu durchschauenden Vielfalt. Die Eindrücke waren dabei allerdings nicht einfach nur unterschiedlich, sondern sie erschienen oft auch als unvereinbar. Trotz einer relativ großen und auch deutlich sichtbaren Polizeipräsenz setzten sich Junkies hier zum Beispiel am Straßenrand offen ihren »Schuss«, während Mütter mit Kinderwagen an ihnen vorbeigingen. Eine räumlich widersprüchliche Konstellation besteht zudem darin, dass das Bahnhofsviertel – wie der Name schon sagt – einerseits zwar eng an den Frankfurter Hauptbahnhof angebunden ist, als städtisches Quartier aber durch eine vielbefahrene Straße deutlich von diesem abgeschnitten ist.[24]

24 Um vom Bahnhof aus ins Viertel zu gelangen, muss man entweder diese Straße oder eine unterirdische Ladenpassage queren, auf deren Auf-

Von seiner Bausubstanz her ist das Viertel gekennzeichnet durch ein Nebeneinander von (Gründerzeit-)Altbauten und modernen Hochhäusern. Obwohl es sich teilweise um »große beeindruckende Altbauvillen« (Langer 2003, S. 20) handelt, trugen »Leerstände und verfallende Fassaden« lange zu einem insgesamt eher »schmuddeligen Erscheinungsbild« des Viertels bei (FR v. 9. 2. 2004, S. 30), was auch in Interviews und in der Medienöffentlichkeit immer wieder problematisiert wird. Der bis in die heutige Zeit wahrnehmbare desolate Zustand des Viertels wurde und wird zum Beispiel durch einen in einigen Straßenzügen deutlich wahrnehmbaren Uringeruch oder durch herumliegenden Müll verstärkt. Erst in den letzten Jahren prägen auch Sanierungsarbeiten und eine deutliche Aufwertung der Bausubstanz das Quartier.

Mehrere Konsumräume, Kontaktläden und Notdienste für die sich im Bahnhofsviertel aufhaltenden Drogenkonsumenten und -konsumentinnen fallen zwar zunächst kaum auf, sind aber doch durch die Junkies, die sich zu den Öffnungszeiten vor den Eingängen sammeln, im Straßenbild sehr bestimmend. Die Drogenszene, die sich über die Nähe zum »Stoff« bzw. zu den Dealern und auch über die Konsum- und Kontaktläden im Bahnhofsviertel angesiedelt hat, wurde in unseren Interviews sowohl von städtischer bzw. ordnungspolitischer Seite als auch von Beratungsstellen, Bordellbetreibenden und Anwohnern als eines der größten Probleme des Viertels benannt, für das allerdings kaum Lösungen gesehen werden. Für Anwohner und Gewerbetreibende sind Beeinträchtigungen durch die Drogenszene immer wieder ein Grund für eine kritische Distanz zum Viertel.

bzw. Abgängen auf Seiten des Quartiers man als Besucher/-in dann oftmals direkt mit einem der Hauptprobleme des Bahnhofsviertels, der Drogenszene, in (Sicht-)Kontakt kommt

4. Anlage der Erhebung

4.1 Forschungsmethodologische Grundlagen

In der Auseinandersetzung mit dem Feld der Prostitution und den hier gelebten Formen der Sexualität ist nicht nur die soziale Kategorie Geschlecht, sondern auch die des Raumes von besonderer Bedeutung. Auch wenn die bis in die heutige Zeit dominante heterosexuelle Angebots- und Nachfragestruktur oder auch die in den (Bild-)Medien gern aufgegriffenen geschlechtlich konnotierten Körperinszenierungen teilweise sehr viel stärker ins Auge springen, ist das Feld daneben auch stark durch räumliche Strukturen und Handlungspraxen bestimmt. Diese werden nicht nur in einer sehr spezifischen Verteilung und auffälligen Inszenierung des Geschehens im Stadtraum sichtbar, sondern kommen auch in der Ausgestaltung von Bordellzimmern als konkreten Orten der prostitutiven Sexualität zum Ausdruck.

Im Zentrum der theoretisch-methodologischen Konzeptualisierung der Studie stehen deshalb die sozialwissenschaftlichen Kategorien »Geschlecht« und »Raum«, die in ihren jeweiligen Ausprägungsformen als soziale Konstruktionen aufgefasst und untersucht werden. Die damit gewählte sozialkonstruktivistische Herangehensweise, die in der Geschlechterforschung heute durchaus verbreitet ist, ist in der sozialwissenschaftlichen Auseinandersetzung mit dem Raum noch keineswegs in gleicher Weise geläufig und verdient deshalb etwas Aufmerksamkeit. Auch Räume bzw. spezifische räumliche Arrangements werden in der vorliegenden Untersuchung als soziale Konstruktionen aufgefasst, die es in den Prozessen ihrer Herstellung genauer zu untersuchen gilt. Mit Löw wird der Raum dabei grundsätzlich als eine relationale »(An-)Ordnung sozialer Güter und Menschen« begriffen (Löw 2001a, S. 158). Diese Definition verdeutlicht mit dem Begriff der (An-)Ordnung zunächst einmal, dass Objekte stets zu Räumen angeordnet werden, indem Menschen verschiedene Gegenstände sowie sich selbst und andere Menschen aktiv platzieren. Räume entstehen somit immer erst im bzw. durch das Handeln der Menschen. Mit dem im Begriff der (An-)Ordnung zugleich angesprochenen Begriff der Ordnung bzw. des Geordneten werden Räume daneben aber auch als etwas Angeordnetes und Positioniertes charakterisiert, was ihren *strukturellen* Charakter hervorhebt. Mit Blick auf die in der Analyse stets notwendige Verknüpfung von Handlung und Struktur schlägt Löw eine Unterscheidung zweier Prozesse vor, die sie als »Spacing« und »Syntheseleistung« bezeichnet. Mit dem Begriff des Spacing benennt sie Platzierungsprozesse, zum Beispiel das Bauen oder Errichten von Objekten, das Positionieren symbolischer Markierungen und auch das Sich-Platzieren. Bei den hiervon zu unterscheidenden Prozessen der Syntheseleistung werden Güter und Menschen über Wahrnehmungs-, Vorstellungs- und Erinnerungsprozesse zu Räumen zusammengefasst. Als ein wichtiger Aspekt der Raumkonstitution und -konstruktion ermöglicht »die Syntheseleistung [...], daß Ensembles sozialer Güter oder Menschen wie ein Element wahrgenommen, erinnert oder abstrahiert werden und dementsprechend als ein ›Baustein‹ in die Konstruktion von Raum einbezogen werden« (ebd., S. 159). Räume (re)produzieren sich demnach sowohl im Handeln als auch in der (synthetisierenden) Wahrnehmung – zwei soziale Prozesse, die im Alltagshandeln eng miteinander verwoben sind und die es in der Analyse gerade deshalb auszudifferenzieren gilt.

Den Kategorien Raum und Geschlecht kommt in der vorliegenden Studie nicht nur je einzeln und getrennt voneinander eine zentrale Bedeutung zu, sondern beide Kategorien werden, aufbauend auf einem von Ruhne entwickelten Analysemodell (vgl. Ruhne 2003), weiter gehend als *eng miteinander verknüpfte* und sich *gegenseitig bedingende* soziale Konstruktionen gefasst, die es in den *wechselseitigen* Prozessen ihrer Herausbildung zu untersuchen gilt. Wir gehen demnach davon aus, dass räumliche Ordnungsmuster der Prostitution wesentlich an der (Re-)Produktion der Geschlechterordnung beteiligt sind, ebenso wie die Geschlechterordnung umgekehrt auf die (Re-)Produktion räumlicher Ordnungsmuster der Prostitution einwirkt. Analog zur Kategorie des Raumes fokussiert die Analyse dabei auch in Bezug auf die Kategorie Geschlecht nicht nur auf die hier wirksam werdenden spezifischen Prozesse eines (rauminduzierten) Genderings, sondern auch auf die damit eng verknüpften Wahrnehmungs- bzw. Syntheseleistungen.

Konkrete, in der Verknüpfung von räumlichen und geschlechtlichen Ordnungsmustern sich herausbildende Bedingungen und auch Wahrnehmungsweisen der Prostitution werden dabei grundsätzlich als ein »durch Machtverhältnisse bestimmtes Spannungsgefüge« verstanden (Ruhne 2003, S. 161), da Raum- und Geschlechterverhältnisse in ihren jeweiligen (An-)Ordnungen stets in soziale Aushandlungsprozesse eingebunden sind, deren Ausgang mehr oder weniger stark umkämpft und grundsätzlich offen ist. Um den erwartbar hohen Grad an Komplexität in der Analyse des prostitutionsspezifischen Wirkungsgefüges von Raum und Geschlecht handhabbar zu machen, greifen wir auf eine von Ruhne in der Auseinandersetzung mit geschlechtsspezifischen (Un-)Sicherheiten im öffentlichen Raum näher ausgeführte mehrdimensionale methodologische Konzeptualisierung zurück. Diese fordert nicht nur explizit dazu auf, zum Beispiel die *materielle Realität* spezifischer Orte der Prostitution und/oder auch die Körperlichkeit der prostitutiven Sexualität in die Analyse einzubeziehen, sondern rekurriert daneben auch auf *symbolisch-kulturelle Deutungsmuster*, die etwa in Geschlechts- und Raumstereotypen zum Ausdruck kommen können, auf *normative Regularien*, das heißt mit der Prostitution verknüpfte Werte und Normen, und auch auf *Interaktions- und Handlungsstrukturen*, in denen die Ordnung des Feldes der Prostitution und vor allem auch seine Einordnung in allgemeingesellschaftliche Kontexte ausgehandelt werden. Auf diese Weise konnten nicht nur räumliche Feldspezifika wie zum Beispiel die in den verschiedenen Dimensionen zum Ausdruck kommende Verfügungsmacht über Orte der Prostitution (Straße, eigenes Zimmer, Wohnung usw.), deren bauliche (An-)Ordnungen und/oder auch die damit verknüpften emotionalen Aufladungen differenziert erfasst werden, sondern auch geschlechtlich konnotierte Machtverteilungen im Feld der Prostitution nachvollzogen und in ihrer gesellschaftlichen Relevanz analysiert werden.

Mit der Fokussierung auf (machtbalancierte) Beziehungsmuster schließt das Forschungsprojekt grundsätzlich an das figurationssoziologische Forschungsprogramm von Norbert Elias an. Prostituierte, Kunden, Wirtschafter, Zuhälter, Bordellbetreibende, Mitarbeiter/-innen von Beratungsstellen und städtischen Behörden und auch Anwohner/-innen an Orten der Prostitution werden hier zu wesentlichen Akteur/-inn/-en eines Figurationsgeflechtes, das vielfältigen (und oft auch widersprüchlichen) räumlich-geschlechtlichen Einflüssen ausgesetzt ist und sich dabei in seinen sozialen Charakteristika – in Abhängigkeit von bestehenden Machtbalancen – stabilisieren oder auch verändern kann.

Um den sozialen Wirklichkeiten der Prostitution in Frankfurt am Main näher zu kommen, wurde eine moderne Gemeindestudie durchgeführt (vgl. Wacquant 1995a/b; Neckel 1997; Löw 2001b), wobei der Gemeindebegriff hier in einem erweiterten »Raumdiskurs angesiedelt [ist], dessen theoretische Potentiale für die Gemeindesoziologie bislang kaum genutzt werden« (Löw 2001b, S. 123). Nicht zuletzt vor dem Hintergrund eines in der Forschung immer wieder als »sehr schwierig« (Brückner/Oppenheimer 2006, S. 24; vgl. auch Ruhne 2008) beschriebenen Zugangs zum Feld wurde der in der Gemeindeforschung verbreitete Ansatz der Methodenkombination gewählt: im hier gegebenen Fall von Dokumentenanalysen, problemzentrierten Interviews, sozialräumlicher Kartografie, teilnehmenden Beobachtungen und Ortserkundungen. Durch die verschiedenen Zugänge zum Feld konnten unterschiedliche Erkenntnismöglichkeiten und Perspektiven genutzt werden. Im Kontext der in den Jahren 2005 bis 2008 durchgeführten Studie bildete die Dokumentenanalyse eine erste Annäherung an das Feld. Diese bezog sich vor allem auf eine inhaltsanalytische Auswertung von im Stadtarchiv Frankfurt archivierten Medienberichten[25] sowie weiteren schriftlich fixierten Materialien (v. a. kommunalpolitische Dokumente), in denen das Thema Prostitution seit Ende der fünfziger Jahre lokal verhandelt wurde.

Die Presse- und Dokumentenanalyse haben wir zudem durch eine Sekundärliteratur-Analyse relevanter Veröffentlichungen zur Thematik[26] sowie durch eine Auswertung von Aussagen

25 Archiviert ist im Stadtarchiv vor allem die themenspezifische Berichterstattung der Lokalpresse, d. h. insbesondere die Berichterstattung der *Frankfurter Rundschau*, der *Frankfurter Allgemeinen Zeitung* und der *Frankfurter Neuen Presse*, aber z. B auch. der *Frankfurter Laterne*, des *Frankfurter Boten* sowie des *Höchster Kreisblattes*.

26 Genutzt werden konnten hier z. B. die vom Frankfurter Runden Tisch

über die jüngere Geschichte der Sexarbeit in Frankfurt erweitert, die im Rahmen von Expertenbefragungen gewonnen wurden. Die Auswahl der Interviewpartner/-innen orientierte sich hier erstens an der grundsätzlichen Nähe zum Feld und der hieraus resultierenden Feldkompetenz. Zweitens achteten wir bei der Auswahl der Interviews darauf, Insiderwissen und Insidererfahrungen unterschiedlicher, für das Feld der Prostitution bedeutender Interessengruppen einzubeziehen. Dabei wurden insbesondere die städtisch-ordnungspolitische Ebene sowie die sozialpolitische Ebene der Beratung und Unterstützung des Feldes als Wissens- bzw. Kompetenzebenen einbezogen.

Konkret führten wir problemzentrierte, leitfadengestützte Interviews mit der Beratungsstelle des Frankfurter Gesundheitsamtes, deren Deutsch und Spanisch sprechende Mitarbeiterin auch Beratungen für Prostituierte in Form von Streetwork anbietet, mit einer in die Beratungsarbeit im Bahnhofsviertel eingebundenen Übersetzerin für Thailändisch, mit der Beratungsstelle Frauenrecht ist Menschenrecht (FiM), die insbesondere Migrantinnen und Opfer von Menschenhandel betreut, mit dem Beratungs- und Selbsthilfeprojekt Dona Carmen,[27] deren Klientel vor allem aus Spanisch sprechenden Prostituierten im Bahnhofsviertel besteht, mit Hubert Beste, einem fachwissenschaftlichen Experten, der sich im Rahmen eines Forschungsprojektes von Oktober 1993 bis September 1998 intensiv mit

zum Thema Prostitution verfassten *Empfehlungen an die Stadtverordnetenversammlung*, ein unveröffentlichtes Manuskript aus dem Jahre 2002, eine Dokumentation der Frankfurter Prostituierten-Selbsthilfegruppe HWG (vgl. Molloy 1992) sowie die Ergebnisse einer bereits veröffentlichten Studie der Universität Frankfurt am Main, die sich im Rahmen einer allgemeinen Analyse zum Thema *Urbane »Sicherheit« und die Profitorientierung sozialer Kontrolle* u. a. auch intensiv mit dem Feld der Prostitution in der Stadt befasst hat (vgl. Beste 2000).

27 Auf Wunsch von Dona Carmen wurden hier die Fragen schriftlich formuliert und auch schriftlich beantwortet.

dem Feld der Prostitution in Frankfurt befasst hat, mit einem Architekturbüro, das sich im städtischen Auftrag mit Stadtentwicklungsprozessen in Frankfurt und insbesondere im Bahnhofsviertel beschäftigt, mit einer Moderatorin des Runden Tisches zur Prostitution, mit einem in die Verhandlungen zwischen Stadt und Milieu lange Zeit eingebundenen Stadtkämmerer a. D., mit dem stellvertretenden Leiter der Ausländerbehörde, mit dem Leiter des Kommissariats 65 (zuständig für Menschenhandel und Zuhälterei), mit dem ehemaligen Leiter des 4. Polizeireviers (Bahnhofsviertel) und mit einem Journalisten, der seit Längerem intensiv zum Feld der Prostitution arbeitet. Daneben kam es immer wieder zu offeneren und kürzeren Gesprächen mit Mitarbeiterinnen der Prostituierten-Beratungsstellen Tamara, deren Klientel vor allem aus deutschen Prostituierten in der Wohnungsprostitution besteht, sowie mit Mitarbeitenden von Dona Carmen.

Die Interviews hatten in der Regel eine Länge von eineinhalb bis zweieinhalb Stunden. Sie zielten zum einen auf feldnahe Informationen und Einschätzungen zur aktuellen Situation vor Ort, zum anderen aber auch auf kurz- und mittelfristige Veränderungen (bzw. deren Planung). Im Sinne einer offenen und flexiblen Interviewführung umriss der Leitfaden lediglich die anzusprechenden Themen und enthielt keine bereits ausformulierten Fragen, so konnten wir auch auf unerwartete Themendimensionierungen der Interviewten flexibel reagieren.

Die Regionalanalyse auf der Basis von Dokumenten, Medienberichten, Sekundärliteratur und Expertengesprächen diente nicht nur der Vorbereitung der weiteren Erhebung (siehe unten), sondern bettete diese gleichzeitig in die stadtspezifischen soziostrukturellen Zusammenhänge ein. Eine kartografische Darstellung und Aufarbeitung der stadträumlichen Entwicklung des Prostitutionsgeschehens von den sechziger Jahren bis heute ergänzte die inhaltsanalytische Auswertung.

Aufbauend und in enger Verzahnung mit den so gewonnenen ersten Erkenntnissen, haben wir das regionalspezifische Figurationsgefüge im und um das Feld der Prostitution herum in einem zweiten Schritt für die heutige Zeit genauer rekonstruiert. Durch Ortserkundungen, teilnehmende Beobachtung, dichte Beschreibung des Beobachteten, sozialräumliche Kartografie sowie problemzentrierte Interviews mit Akteuren und Akteurinnen konnte die soziale Wirklichkeit ausgewählter prostitutiver Handlungsfelder differenziert erfasst werden.

Ausführliche Interviews haben wir geführt mit fünf Prostituierten, fünf Bordellbetreibern bzw. -betreiberinnen, elf Freiern sowie einem Boten, der in vielfältiger Weise für die Versorgung der Frauen in den Häusern zuständig ist und auch als Informationsvermittler fungiert. Alle Interviews wurden aufgezeichnet und anschließend transkribiert. Daneben fanden auch hier immer wieder kürzere Gespräche mit Bordellbetreibern, Prostituierten, Wirtschaftern und Freiern statt, die meist erst im Anschluss protokolliert wurden. Neben der direkten »Datengewinnung« hatten diese kürzeren Gespräche auch die Funktion einer vertrauensbildenden Maßnahme, auf die wir oftmals in späteren Situationen und auch bei Interview-Anfragen aufbauen konnten.

Als Akteure bzw. Akteurinnen im und um das Feld der Prostitution herum wurden auch Menschen einbezogen, die im Bahnhofsviertel wohnen. Als nicht direkt im Feld Aktive repräsentieren diese zwar einerseits eher eine Außensicht, gleichzeitig und andererseits sind sie aber auch intensiv mit dem Feld verwoben und bilden insofern eine notwendigerweise mit zu erhebende Insiderperspektive ab. Mit Anwohnenden bzw. Gewerbetreibenden in Prostitutionsnähe fanden fünf Interviews im Bahnhofsviertel statt: eines mit einem langjährigen Anwohner der Taunusstraße, der als Künstler bewusst den »kreativen Wohnort« ausgewählt hat, eines mit einem Anwohner, der selbst seit Langem als Callboy im Sexgewerbe tätig und damit ein versierter Praxisexperte für das hiesige Prostitutionsgeschehen ist, eines mit einem Grafikdesigner, der sein Büro im Bahnhofviertel hat, eines mit der Leiterin einer Event-Agentur, deren Büro sich ebenfalls hier befindet, sowie eines mit einem alteingesessenen und seit Langem im Viertel engagierten Schuhmachermeister. Aufgenommen wurden in die Auswertung zudem mehrere Gespräche mit zwei Architekturstudenten, die sich im Rahmen einer Studienarbeit erstmalig genauer mit dem Thema Prostitution auseinandergesetzt haben. Die Dauer der Interviews betrug zwischen einer und drei Stunden.

Parallel dazu setzten wir die ethnografische Methode der teilnehmenden Beobachtung ein. Hierbei ging es nicht nur darum, mehr über die Handlungs- und Interaktionsstrukturen der Personen im Feld zu erfahren, sondern auch darum, die von den Akteur/-inn/-en »produzierten« materiellen Gegebenheiten vor Ort sowie deren symbolische und auch normative Aufladungen genauer in Augenschein zu nehmen und zu analysieren.

Neben zahlreichen ungeplanten Beobachtungen wurden geplante Beobachtungen sowohl an den stadtbekannten Orten der Prostitution (für die Bordellprostitution sind dies das Bahnhofsviertel, die Breite Gasse sowie die Oskar-von-Miller-Straße) als auch über das gesamte Stadtgebiet verteilt an den nach außen nicht so auffälligen Orten vor allem der Wohnungsprostitution durchgeführt. Teilweise konnten die Beobachtungen noch im Feld zumindest in Teilen schriftlich fixiert bzw. skizziert werden, größtenteils wurden diese jedoch im Anschluss in Form von dichten Beschreibungen gesichert.

Vor allem zu Beginn der Feldphase erforderte es viel Engagement und den Einsatz verschiedener vertrauensbildender Maßnahmen, um Gesprächspartner/-innen für unsere Interviews zu finden und möglichst offene (Interview-)Situationen herzustellen. Hilfreich und förderlich war in diesem Kontext unter anderem ein intensiver Austausch mit Beratungsstellen sowie die aktive Teilnahme an der Aktion Freiersein.[28] Auch ein angemieteter Büroraum im Bahnhofsviertel gewährleistete nicht nur eine umfassende Präsenz im Feld, sondern bot zudem die Möglichkeit, vor Ort, dabei aber in einem vom Prostitutionsgeschehen getrennten Rahmen Interviews durchführen zu können. Nicht zuletzt war auch die Tatsache, dass eine der Forscherinnen über einen Zeitraum von eineinhalb Jahren im Bahnhofsviertel wohnte, nicht nur für den grundlegenden Zugang zum Feld sehr hilfreich, sondern bedeutete auch, dass zahlreiche ungeplante Beobachtungen, Begegnungen und Nachbarschaftsgespräche in die Untersuchung einfließen konnten.

Dass es uns gelungen ist, eine weitgehende Offenheit des Feldes zu erreichen, lässt sich nicht zuletzt daran ablesen, dass ein Betreiber eines Großbordells im Bahnhofsviertel den Feldforscherinnen für vier Tage eines seiner Bordellzimmer zur Verfügung stellte, um vor Ort Gespräche (insbesondere mit Freiern) führen und den Betrieb näher kennenlernen zu können. Für die gewährte Offenheit und Unterstützung sei ihm und auch allen anderen Beteiligten, ohne die diese Untersuchung nicht möglich gewesen wäre, auch an dieser Stelle nochmals herzlich gedankt!

28 Es handelt sich dabei um ein Aktionsbündnis verschiedener mit den Themen Prostitution und Sexualität betrauter Frankfurter Institutionen, das (u. a. durch öffentlichkeitswirksame Straßenaktionen) auf eine offenere Auseinandersetzung mit den Kunden der Prostitution zielt und damit im Feld selbst auf eine sehr positive Resonanz stößt.

5. Verhäuslichung

Richtet man den Blick auf die sich wandelnden räumlichen Arrangements des Prostitutionsmilieus im zeitlichen Verlauf, so zeigt sich für Frankfurt eine räumliche Verlagerung der Handlungskontexte der Sexarbeit. Für den Zeitraum von 1960 bis 1990 lässt sich sukzessive ein Verschwinden der Sexarbeiterinnen aus dem Straßenbild durch die zunehmende Organisation des Gewerbes in geschlossenen Häusern beobachten, was nicht nur das Feld der Prostitution, sondern auch den öffentlichen Raum der Stadt deutlich verändert hat.[29] Laut einer Befragung von TAMPEP, einem internationalen Forschungs- und Aktionsprojekt zur Aids/STD-Prävention für und mit migrierte(n) Sexarbeiter/-innen in Europa, finden heute auch in Deutschland insgesamt ca. 80 Prozent der Sexarbeit indoor statt (vgl. Munk 2006). Eine ähnliche Entwicklung lässt sich für ganz Europa feststellen (ebd.). Die damit einhergehenden Veränderungen sind bisher jedoch kaum untersucht.

Wir schlagen den Begriff der Verhäuslichung vor, um die Neufassung des Gewerbes zu bestimmen. Er wird von uns nicht als eine langfristige zivilisatorische Bindung an dauerhafte Befestigungen mit dem Ziel der Abschirmung gegen die (natürliche) Umwelt gefasst, wie Norbert Elias es einst vorschlug

29 Von diesem Prozess wird bislang nur die sogenannte Beschaffungsprostitution nicht erfasst, die hier jedoch keine Berücksichtigung findet, da drogenabhängige Prostituierte nach den Erkenntnissen einschlägiger Arbeiten »primär als Drogenabhängige und erst sekundär als Prostituierte einzuordnen« sind (Laskowski 1997, S. 81) und deshalb nicht als repräsentativ für die Prostitution angenommen werden.

(Elias 1976; Gleichmann 1976), sondern – die Argumentation erweiternd – als Strategie der Vertreibung aus dem öffentlichen Raum bei gleichzeitiger »Domestizierung«. Jürgen Zinnecker zeigt für das Verschwinden der Straßenkindheit, dass sich Verhäuslichung als eine »Sozialtechnologie« beschreiben lässt, bei der es darum geht, »gesellschaftliches Handeln langfristig zielgerichtet, plan- und präzise wiederholbar, somit über Zeiten und beteiligte Personen berechenbar zu gestalten. Durch Verhäuslichung lassen sich Handlungs-Sequenzen [...] wirkungsvoll hierarchisieren, sozial kontrollieren und mit unterschiedlichen Ressourcen ausstatten« (Zinnecker 1990, S. 143). Wie wir im Verlauf der Argumentation noch zeigen werden, ist diese Strategie weitaus umfassender, als u. a. Zinnecker erwartet.

Die Relektüre von mehr als 45 Jahren Berichterstattung über die Frankfurter Prostitutionsszene[30] sowie die Experteninterviews bieten Einblicke in die Diskurse, Wahrnehmungsmuster und Ereignisabfolgen, in denen der Versuch erkennbar wird, das als »ordinär« gedachte Andere aus dem öffentlichen Raum zu vertreiben. Zwar wird im konkreten Fall Prostitution aus den Straßen verbannt, doch ist keineswegs nur die Sexarbeit anstößig, sondern vor allem die in sie eingebettete Inszenierung einer Straßenkultur, die hier deutlich als eine proletarische Kultur interpretiert wird.

30 Ausgewertet wurden vor allem die *Frankfurter Rundschau* (FR), die *Frankfurter Allgemeine Zeitung* (FAZ), die *Frankfurter Neue Presse* (FNP) sowie die (Regionalberichte der) *Bild*-Zeitung.

5.1 Verhäuslichung als räumlich-sozialer Wandel der Prostitution in Frankfurt am Main

Wie Medienberichte, städtische Dokumente und auch die Fachliteratur verdeutlichen, wird das Prostitutionsgeschehen in Frankfurt in den fünfziger und sechziger Jahren vor allem als Problem des öffentlichen Straßenraumes thematisiert. Die verbreitete Straßenprostitution insbesondere im zentralen Bahnhofsviertel[31] veranlasst die Stadt zu dieser Zeit, in einer ersten »Sperrgebietsverordnung«, die durch Erlass der hessischen Landesregierung Anfang der sechziger Jahre Gültigkeit erlangt,[32] dem Geschehen stadträumliche Grenzen zu setzen: Das »gesamte Innenstadtgebiet in den Grenzen des Anlagenrings, das Bahnhofsviertel, der Stadtwald und die Ausfallstraßen« werden zu Sperrgebieten für Prostitution erklärt (Molloy 1992, S. 46). Auch wenn der Kampf um das »Dirnenunwesen« in Frankfurt damit eine neue ordnungspolitische Grundlage erhält, bleibt die räumliche Verteilung des Geschehens in der Bevölkerung umstritten, und die Platzierung der Sexarbeiterinnen verändert sich zunächst nur tendenziell. In Bezug auf das Bahnhofsviertel zeigt die Verordnung wenig Wirkung, dort »kurvten die Prostituierten« auch weiterhin gut sichtbar »in offenen Sport-Coupés ums Karree« (FR v. 15. Mai 1982; Rückblick), was vor allem mit der guten Erreichbarkeit des Viertels und den hier etablierten sozialen Netzwerken erklärt wird.

Trotz der strafrechtlichen Verfolgung in den Sperrzonen zeigt die Prostitution so vor allem im Bahnhofsviertel ein bemerkenswertes Beharrungsvermögen. Dennoch forciert die

31 Für die sechziger Jahre kann »von etwa 1000 registrierten Prostituierten und ebensoviel so genannten ›Wilden‹ ausgegangen« werden (Beste 2000, S. 253).

32 Veröffentlicht wurde die Sperrgebietsverordnung am 28. Dezember 1960 im hessischen *Staatsanzeiger* (vgl. FR v. 5. 2. 1970).

neue Verordnung in Bezug auf das Stadtgebiet insgesamt eine räumliche Verschiebung des Geschehens. Schon die Sperrbezirks*pläne* hätten eine abschreckende Wirkung gehabt und den »Zustrom von Prostituierten« von außerhalb verringert, berichtet die *Frankfurter Allgemeine Zeitung* am 22. Oktober 1960, im Stadtwald erziele der zunehmende Druck der Polizei auf Prostituierte und Zuhälter »einen durchschlagenden Erfolg« (FR v. 14. Oktober 1961), und auch von den Ausfallstraßen der Stadt habe man die Prostituierten bereits erfolgreich »fortgebracht« (FNP v. 17. Oktober 1961).

Diese Veränderung der räumlichen Verteilung der Prostitution in der Stadt hat jedoch auch nichtintendierte Folgen: »Hunderte von Frauen« suchen sich nun einen neuen Standort, um ihrem Gewerbe weiter nachgehen zu können (vgl. Molloy 1992, S. 46). So habe man die Prostituierten zwar von einigen Orten vertreiben können, diese bewegten sich jetzt aber unübersehbar in anderen Stadtteilen (vgl. FNP v. 17. Oktober 1961; ausführlich auch Molloy 1992), eine Beruhigung der konflikthaften Auseinandersetzungen wurde nicht erreicht. Die Verlagerung der Prostitution in Außen- und Wohnbezirke trifft in der Bevölkerung auf deutliche Widerstände. In verschiedenen Wohnvierteln »verschont« man »die Polizei nicht mit Beschwerden« (FNP v. 17. Oktober 1961), wobei gegen Ende der sechziger Jahre vor allem das Westend und der Stadtteil Sachsenhausen besondere öffentliche Aufmerksamkeit erhalten (vgl. FNP v. 12. Juli 1968; FR v. 19. Juli 1968; FR v. 8. August 1968). Wegen zunehmender Proteste hatten »Sonderkommandos der Frankfurter Schutz- und Kriminalpolizei« bereits Mitte der sechziger Jahre in diesen Gebieten ihren »Kampf gegen das Dirnenunwesen« verstärkt (FNP v. 7. November 1963). Als Problem wird aber weiterhin vor allem die im Bahnhofsviertel sichtbare Prostitution wahrgenommen.

Die Sechziger-Jahre-Berichterstattung kreist in Frankfurt

um den Standort der Prostitution, um die Quantität prostitutiver Handlungen, vor allem aber um die Qualität des Auftretens. Bei der Klassifizierung des Geschehens werden allerdings durchaus soziale Differenzierungen eingezogen. So stellt ein Frankfurter Richter zum Beispiel fest:

> »Für den Begriff ›auffällig‹ sind weniger moralische als ästhetische Gesichtspunkte entscheidend. [...] Es sei eben ein Unterschied, ob sich eine ordinäre, dreckige Straßendirne irgendwo rauchend unter einer Laterne herumlümmele oder eine junge und gepflegte ›Dame‹ ruhig an der Ecke stehe. Das Stichwort laute: ›Qualitätsauslese‹. Hübsche Dirnen mit solidem Äußeren hätten damit größere Chancen, rechtlich über die Runden zu kommen.« (FR v. 11. November 1968)

Auch ein Hotelier im Bahnhofsviertel meint, »es sei [...] hinzunehmen, wenn einige ›Edeldamen‹ mit ihren Luxusautos nachts um den Kaiserbrunnen kreisten oder sich in einigen Lokalen der Kaiserstraße zum Kundenfang aufhielten. Die Plage stelle das ›Fußvolk‹ dar« (FNP v. 17. Februar 1966), welches auch männlich sein kann: »In späten Abendstunden« lungerten so zum Beispiel »um die Parkometer Zuhälter, Dirnen, Amigos, östliche Kultursendlinge herum« und machten »dem Autobesitzer, der dort parken möchte, nicht einmal Platz, um den Groschen einzuwerfen« (*Frankfurter Laterne* v. 3. Oktober 1968). Und in *der Frankfurter Rundschau* ist exemplarisch zu lesen: »Wir haben ja grundsätzlich nichts gegen die Dirnen – es gibt viele saubere unter ihnen. Aber die Folgen, all die Betrunkenen, die sich vor unseren Türen aufführen, daß es morgens aussieht wie in einem Schweinestall – das ist das eigentliche Übel.« (Nach FR v. 8. Februar 1966)

Die der Prostitution nachgehenden Frauen werden in zwei

Gruppen aufgeteilt: Die eine Gruppe wird als dreckig, ordinär, rauchend und herumlümmelnd beschrieben, die andere als jung, gepflegt, hübsch mit solidem Aussehen, sauber und ruhig. Die Konstruktion einer »guten Prostituierten«, die alle Eigenschaften auf sich vereint, die eine gut erzogene junge Frau mit sich bringen soll (d. h. kein unkontrollierter Bewegungsdrang, gepflegt und sauber), ermöglicht den Berichterstattern und Berichterstatterinnen, Sexarbeit kritisieren zu können, ohne sie völlig ablehnen zu müssen. Die gehobene Prostituierte – zuweilen auch beschrieben als »Edeldame mit Luxusauto« – hätte man auf den Straßen geduldet, die hässlichen, ordinären Huren aber fallen unangenehm auf. Neben diesen stört auch das mit Begriffen wie »Zuhälter, Amigos, östliche Kultursendlinge« umschriebene Umfeld der Prostituierten, das sich nicht mehr an Tag-Nacht-Rhythmen hält, herumlungert und den »sauberen, soliden Bürgern« den öffentlichen Raum der Stadt streitig macht. Begründet wird eine Ablehnung dabei nicht nur über Zuschreibungen, die Prostituierte und/oder Freier betreffen, sondern explizit auch über die Folgen des Handelns für den Stadtraum, der morgens aussieht wie ein Schweinestall, was als das eigentliche Übel wahrgenommen wird.

Zum Ausdruck kommt hier ein – gerade in einer vom (Klein-)Bürgertum geprägten Stadt wie Frankfurt (vgl. Engel u. a. 2002) besonders deutlicher – Kampf um den öffentlichen Raum, der mit abwertenden symbolisch-bildhaften Aufladungen wie derjenigen vom Schweinestall geführt wird, aber auch als eng verknüpft mit Kapitalinteressen erfahren wird. Das Bahnhofsviertel ist ein Zentrum der Stadt. Frankfurt am Main hatte sich 1956 mit dem »Gesetz zur Aufhebung der Beschränkung des Niederlassungsbereichs von Kreditinstituten« zur Bankenstadt gewandelt (ausführlich Rodenstein 2000, S. 33). Die Phase der Konsolidierung nach dem Zweiten Weltkrieg ist beendet. Den Beginn der »radikalen Modernisierung« mit

»Hochhäusern als Symbole[n] rücksichtslosen Kapitalismus« datiert Marianne Rodenstein für Frankfurt auf 1960 (ebd.). Zeitgleich artikuliert sich nun der Wunsch, die unangenehm auffallende Prostitution im Bahnhofsviertel zu beenden – allerdings möglichst ohne andere Stadtteile zu belasten.[33] Der Kampf konzentriert sich auf die Verhinderung der Straßenprostitution. Angeregt wird diese Strategie durch einen lobenden Bericht des Frankfurter Polizeichefs zur Situation in Essen, wo die Straße, in der die Prostituierten konzentriert seien, »so unauffällig« sei, dass sie mit »einer harmlosen Wohnstraße« verwechselt werden könne (FR v. 15. März 1967). Als Hintergrund wird hier genannt, dass es in Essen keine Straßenprostitution gebe, da »das Herumstehen auf den Straßen [...] dort als unschön« gelte (ebd.). Ende der sechziger Jahre fällt so die Entscheidung, dass »nicht nur das Sittenkommissariat der Kripo, die Schutzpolizei und das 4. Revier ›Dirnenstreifen‹ in das gefürchtete Bahnhofsviertel entsenden, sondern auch von der Polizeiinspektion West ein zehnköpfiges ›Sonderkommando‹ gegründet wurde, dessen Beamte in Zivil [...] vor allem [...] zur Bekämpfung der Straßenprostitution eingesetzt werden« (FR v. 8. November 1968).

Da der »aussichtslose Kampf der Polizei gegen die Dirnen« (FAZ v. 2. August 1968) mit den bisherigen Mitteln nicht zu gewinnen war, beschließt die Stadt Frankfurt 1969, dem Bauunternehmer Willi Schütz die Genehmigung für ein erstes Großbordell in der Elbestraße 49-53 zu geben (FNP v. 30. April 1986; vgl. auch Beste 2000, S. 254).[34] Unterstützt wird das Vor-

33 Besondere Befürchtungen bezogen sich insbesondere auf eine Abwanderung von Prostituierten in Wohngegenden, »die man früher als ›gut bürgerlich‹ bezeichnete« (FAZ v. 2. August 1968), und insbesondere auf die »Sorge um das gut situierte Westend« (Beste 2000, S. 254) und den Stadtteil Sachsenhausen (vgl. z. B. FR v. 19. Juli 1968).

34 Die Elbestraße liegt zu dieser Zeit noch innerhalb des eigentlich bestehenden Sperrgebietes.

haben unter anderem vom damaligen Polizeipräsidenten Littmann: Konfrontiert mit einer Vielzahl von Forderungen nach der »Einrichtung von Dirnen-Sperrbezirken« in unterschiedlichen Stadtgebieten, sieht dieser »in der Schaffung eines ›Eros-Centers in City-Nähe‹ zur Zeit den einzig brauchbaren Weg, der Flut von Beschwerden über das Dirnenwesen in Wohngebieten Herr zu werden« (FNP v. 30. Juni 1968). Wesentlicher Hintergrund der Etablierung eines ersten Großbordells im Bahnhofsviertel ist die als unkontrollierbar wahrgenommene Situation der Straßenprostitution, auf die nicht nur die Polizei mit klaren »Präferenzen für die geschlossene Unterbringung von Sexarbeiterinnen« reagiert (Beste 2000, S. 255). Allgemein wird in den zeitnahen Berichten der Journalisten und Journalistinnen relativ offen die Erwartung einer weitgehenden Verhäuslichung der Prostitution formuliert: »Das [...] vorgeschlagene Eros-Center könnte Teil einer umfangreichen Konzeption sein, die Dirnen von den Straßen und aus den Wohnbezirken zu holen.« (FAZ v. 2. August 1968)

»Von der Straße holen« ist eine eingeführte Formulierung, die stets etwas zu Rettendes und einen Rettenden voraussetzt. Im deutschen Wörterbuch (Wahrig 1997) wird »auf die Straße gehen« nicht nur als »demonstrieren«, sondern auch als »Prostituierte werden« erläutert. »Ein Mädchen von der Straße« ist eine Prostituierte, »ein Mann von der Straße« ist laut Wörterbuch jedoch ein »Durchschnittsbürger«. Nun sollen also die Prostituierten von der Straße geholt werden, um sie in ein zentrales Großbordell zu bringen. Die Straßenprostitution wird damit nicht mehr nur als besonders unangenehm auffallende und zu verhindernde Form der Prostitution stigmatisiert, sondern zunehmend illegalisiert. Die Formulierung »von der Straße holen« ist zugleich trügerisch. So edel das Anliegen klingt, es geht doch in der Folge nie um das Wohlbefinden der Sexarbeiterinnen. Vielmehr ist stets die *Unsichtbarkeit des prostitu-*

tiven Geschehens das angestrebte Ziel. In diesem Sinne liest man zum Beispiel 1969 in der *Frankfurter Rundschau*, beim Eros-Center Elbestraße müsse »der ›Kontakthof‹ noch überdacht werden«, »damit sich die Anwohner nicht gestört fühlen«; außerdem sei »Inhaber Schütz gehalten worden, über dem Eingang zum Kontakthof die Leuchtschrift ›Eros-Center‹ zu demontieren« (FR v. 7. August 1969). Die von der Stadt unterstützte Eröffnung von Frankfurts erstem Eros-Center im Bahnhofsviertel stellt so einerseits einen Schritt zur Lösung der Nutzungskonflikte um den öffentlichen Straßenraum dar. Andererseits kann und muss diese Lösung aber auch als »Startschuss für eine neue Entwicklung« angesehen werden (Beste 2000, S. 254), die weitgehende Strukturveränderungen besonders im Bahnhofsviertel zur Folge hat und »zum wenige Jahre später so bezeichneten ›Sündenbabel Frankfurt‹« (ebd.) und zur Konzentration des Prostitutionsgeschehens (allerdings in geschlossenen Häusern) führen sollte.

Die Straßenprostitution wird nicht verboten, sondern – mit dem Argument der »Tradition« – in einigen Straßenzügen, insbesondere des Bahnhofsviertels, zunächst sogar explizit geduldet. Mit diesem Rückgriff auf die Konstruktion traditioneller bzw. etablierter Toleranzzonen beruhigen sich vorübergehend die (weiterhin strittigen) Verhandlungen über die stadträumliche Verteilung der Prostitution:

> »Die Dirnen halten sich weitgehend an die Toleranzzonen. Es gibt nur wenige Unbelehrbare. Frankfurts Polizei ist mit der Reaktion der Prostituierten auf die am 27. Februar rechtskräftig gewordene neue Sperrverordnung rundherum zufrieden. Zumindest der Straßenstrich vollzieht sich in den von Amts wegen verordneten Bezirken.« (FR v. 29. Mai 1973)

Da die Stadt sich für eine Toleranzzone im Bahnhofsviertel entschieden hat und ein erstes Großbordell bereits eröffnet ist, sehen auch weitere Investoren ihre Chance zur Expansion im Milieu. So steigt in dieser Zeit im Bahnhofsviertel der »Wert baufälliger Häuser [...] in astronomische Höhen, und die Sozialstruktur des Viertels beginnt sich zu ändern. Wo vorher Kleinkriminelle, Zuhälter, Straßendirnen usw. das Bild prägten, während die ›Großen‹ sich eher im Hintergrund hielten, beginnt die Spekulation in bedeutendem Maßstab« (Beste 2000, S. 255). Die Prostitution ballt sich nun zunehmend »in den Bordellen der Toleranzzonen zusammen, die einigen wenigen Milieugrößen gehören« (Molloy 1992, S. 47). Die in der Prostitution arbeitenden Frauen verschwinden langsam, aber sicher von der Straße in die Häuser einiger weniger Bordellbetreiber. Damit reduziert sich auch die Medienberichterstattung deutlich.

Dieser Prozess verstetigt sich im Laufe der achtziger Jahre. Das städtische Bestreben ist weiterhin, »durch eine Zentralisierung des Gewerbes seine ›unangenehmen Begleiteigenschaften‹ wie Straßenprostitution« (Beste 2000, S. 257) zu unterbinden – auch wenn die anvisierten Standorte dabei lange umstritten und unklar sind. Auch eine neue Sperrgebietsverordnung, die 1987 in Kraft tritt und ursprünglich vor allem das Bahnhofsviertel vollkommen prostitutionsfrei halten sollte, weist letztlich nun Teile des Viertels als explizite und exklusive Toleranzzonen für die Bordellprostitution aus. Flächen für die Straßenprostitution werden kaum noch ausgewiesen und auch kaum genutzt. Geduldet wird außerhalb der Toleranzzonen bis in die heutige Zeit nur die Prostitution in Terminwohnungen.

Resümierend kann festgestellt werden, dass der Prozess der Verhäuslichung der Prostitution, der in Frankfurt in den sechziger Jahren eingeleitet wird, sich über eine Konzentration des Gewerbes in kleinen ausgewiesenen Toleranzzonen für Bordelle festigt. 1985 ist die Verdrängung der Prostituierten von den Straßen weitgehend abgeschlossen. Polizeioberrat Philippi stellt zu dieser Zeit fest:

> »Nachdem sich die Prostitution von ganz wenigen Ausnahmen abgesehen in Häusern anbietet, sei das Bild auf der Straße durch sie nicht beeinträchtigt. Es gebe auch keine ›Platzkämpfe‹ mehr wie Anfang der siebziger Jahre. Ferner unterbleiben dadurch auch Körperverletzungs- und Nötigungsdelikte sowohl unter den Dirnen und ihren Zuhältern als auch gegenüber Kunden und Passanten.« (FN v. 17. Januar 1985)

Die Kraft und die Mühen, die zur Verlagerung der Sexarbeit in die Häuser geführt hat, sind vielfach vergessen. »Also warum beispielsweise in Frankfurt seit Jahrzehnten die Prostitution sich von der Straße weg in die Häuser verlagert hat, weiß ich nicht«, erklärt zum Beispiel ein leitender Polizist im Interview: Ohne auf das gezielte städtische Vorgehen und das heute bestehende weitgehende Verbot der Straßenprostitution in Frankfurt einzugehen, mutmaßt er weiter: »[W]eil hier die Kunden lieber in einem festen Raum als in einem wankenden Auto zur Sache kommen, ja? Ich weiß es nicht.« (Polizist F.)

5.2 Verhäuslichung als Aushandeln von Machtverhältnissen

Die Geschlechtsspezifik des Verdrängens der Frauen von der Straße zeigt sich darin, dass es weibliche Prostituierte sind, die hier verdrängt werden, und dass das, was von der Straße verschwunden ist und was dem Licht der Öffentlichkeit entzogen werden soll – und was zuweilen als das jugendgefährdende

Potenzial der Sexarbeit bezeichnet wird –, der anwesende und der sexualisiert abgebildete weibliche Körper ist. Der Frankfurter Stadtkämmerer a. D. berichtet aus seiner Zeit als Dezernent des Gewerbe- und Ordnungsamtes:

> »[...] [D]as war ein Zusammenschluss der Kirchen und der Schulen, unterstützt von der Staatsanwaltschaft, und die wollten [...] das eindämmen und zurückdämmen, weil das immer mehr überhandgenommen hat. Es haben damals noch viele Familien dort [im Bahnhofsviertel] gewohnt, Kinder sind hier in die Schule gegangen, sind also vor den Schaukästen vorbei und haben [...] da die Nacktfotos gesehen, also da gab es eine Initiative [...] und es ist dann ein bisschen regulierend eingegriffen worden.« (Stadtkämmerer a. D.)

Zusammenfassend stellt er fest: »[...] [D]as hat man schon als eine Verbesserung angesehen, wenn man dann erreichen konnte, dass diese Aushänge tagsüber verdeckt waren und sie abends erst gezeigt wurden. Heute würde da kein Mensch auf die Idee kommen, heute ist ja auch Rundumbetrieb.« (Ebd.)

Zur damaligen Zeit aber werden in den Zeitungen »Eltern [...] aufgerufen, ihre Verantwortung für ihre Töchter mehr wahrzunehmen, als es mitunter geschieht. Diese Dammbrüche im Bahnhofsviertel müssen abgestellt werden« (FNP v. 1. September 1969). Mütter schildern, dass »13jährige Mädchen frühmorgens auf ihrem Weg zur Schule von ›Anreißern‹ in Bars gezogen werden« (NP v. 2. Juli 1970). Jugendschutz wird in der Praxis interpretiert als Schutz vor der unterstellten Anziehungskraft und Gewalt des Milieus, vor allem für Mädchen. Anlässlich eines Besuchs von Jugendschutzbeamten aus mehreren Großstädten betont die FAZ 1964, es sei »deutlich, wie sehr das Zwielicht gerade junge Menschen lockt und wie schnell dann der Weg bergab geht. ›Von der Bardame oder der Serviererin bis zum Animiermädchen sind es oft nur ein paar Tage‹ [...] Damit sind dann meist die Würfel schon gefallen.« (FAZ v. 11. September 1964).

Die *Frankfurter Rundschau* veröffentlicht 1968 Äußerungen des Pflegeamtes über »junge [...] Mädchen«, die den »Verlockungen der Großstadt – und oft der Prostitution« erlegen seien und »offen« erklärten: »Ich will auf den Strich gehen.« (FR v. 13. November 1968) Die Attraktivität, »›nebenbei‹ rasch einen Hunderter [zu] verdienen«, erscheine gerade jungen Mädchen groß, »das Risiko eines solchen Lebens« könne gleichzeitig noch kaum eingeschätzt werden (ebd.). Die Gefährdung der Jugend wird gerade in den fünfziger und sechziger Jahren oft angesprochen. Konkretisiert werden die Gefahren dabei allerdings kaum, und wenn, dann wird allgemein das Ziehen und Gezogenwerden junger Mädchen ins Prostitutionsmilieu als Gefahrenszenario aufgegriffen. Die einzige Information, die Leser/-innen erhalten, ist die, dass der Weg abwärtsgeht: Der in der Rede über die Prostitution mitschwingende soziale Abstieg ist das artikulierte Problem. Jugendschutz ist dabei bis heute ein durchgängiges Argument zur Regelung der Sexarbeit im städtischen Raum. Jede Sperrgebietsverordnung wird darüber begründet, ohne dass die Gefährdung der Jugendlichen wissenschaftlich nachvollzogen und belegt wäre. Eine Gefährdung und damit einen sozialen Abstieg der Jugend vor dem inneren Auge der Leserschaft aufzurufen scheint ohne weitere Begründung ausreichend, um die Notwendigkeit des Verbergens der Sexarbeit einsichtig werden zu lassen.

Begleitet werden die Verweise auf die Mädchen- bzw. Jugendgefährdung von der Sorge um die Verdrängung »anständiger« Töchter und Ehefrauen aus dem öffentlichen Stadtraum. Bei einer Aussprache mit Kriminaldirektor Albert Kalk über die Auswirkungen der Sperrbezirke, die »gegen ›gewisse‹ Damen verhängt worden sind« (FNP v. 17. Oktober 1961), wird im Kreise von Pressevertretern angemerkt, das »Ausmaß der Belästigungen, dem allein gehende Frauen und Mädchen in Frankfurts Straßen abends ausgesetzt sind«, sei »haarsträubend« (ebd.). Ein Leser der FR kommentiert: »Wenn man bordellartige Betriebe in der Breiten Gasse stillschweigend duldet, so doch nur zu dem Zweck, anständige Mädchen vor Zudringlichkeiten oder Belästigungen zu schützen.« (FR v. 9. Mai 1959, Leserbrief) Frage man Geschäftsleute, Anwohnende oder auch »Hausfrauen dieser Straße,[35] so höre man ähnliche Klagelieder. Selbst alte Frauen würden belästigt. Am Vormittag gehe es noch – aber schon am Nachmittag gäben sich die Freier die Türklinken in die Hand« (FR v. 9. Februar 1966).

In einem solchen Setting erscheinen Frauen und Mädchen als einerseits davon bedroht, in die Prostitution abzudriften, andererseits aber auch davon, mit Prostituierten verwechselt und von Freiern angesprochen zu werden. Stellungnahmen zum Problem des Ansprechens von Frauen im öffentlichen Raum sind dabei meist aus der Perspektive von Männern formuliert, die die Grenze zwischen ihren Frauen und den Huren klar gezogen wissen wollen. In keinem Artikel sorgt sich ein Mann darum, mit Kunden bzw. Freiern verwechselt zu werden.[36]

Eine Gesellschaft, in der eine soziale Institution wie die monogame Ehe neben einer ebenfalls institutionalisierten außerehelichen, bezahlten Sexualität etabliert ist, braucht eine klare Unterscheidung der Frauengruppen. Erst die klare Differenzierung zwischen »Huren« und »anständigen Frauen« ermöglicht die Aufrechterhaltung sich eigentlich gegenseitig ausschlie-

35 Gemeint ist hier die Taunusstraße im Bahnhofsviertel.
36 Auch sorgt sich keine Frau darum, dass ihr Mann möglicherweise als Freier angesprochen werden könnte.

ßender sozialer Konventionen. Würde es sich beim Kampf um den öffentlichen Raum des Bahnhofsviertels nur um die Organisation vergeschlechtlichter Konventionen handeln, wäre es einfach. Tatsächlich teilt sich in den Zeitungsberichten aber darüber hinaus der Wunsch mit, den öffentlichen Raum der Straße von den Inszenierungen jener gesellschaftlichen Gruppen freizukämpfen, die als bildungsfern und sozial niedrigstehend stigmatisiert werden. Die soziale Konstruktion Geschlecht verschränkt sich hier mit Deutungsmustern von Klasse bzw. Schicht. Ansprüche an die Organisation öffentlicher Räume werden artikuliert, indem Klasse und Geschlecht zu einem Wirkungsgefüge verschränkt werden. Die Art und Weise, wie auf die Prostituierten und ihr soziales Umfeld Bezug genommen wird, zeigt, dass nicht nur Sexualitätsformen mit impliziten Vergeschlechtlichungen unterschieden werden sollen, sondern dass auch als Unterschicht wahrgenommene Personengruppen die Idee vom eigenen öffentlichen Raum stören.

Die sich prostituierenden Frauen und ihr Männerumfeld (Zuhälter, Wirtschafter, Aufpasser, Kunden) sollen von der Straße verschwinden, weil sie unangenehm auffallen. Wenn dabei das Assoziationsfeld von Dreck, Vulgarität, Lasterhaftigkeit (z. B. durch öffentliches Rauchen und faules Herumlümmeln) aufgerufen wird, dann wird die legitime Anwesenheit im öffentlichen Raum an (klein)bürgerliche Tugenden gebunden. Das »anständige, saubere« (Klein-)Bürgertum grenzt sich von unteren sozialen Schichten ab, denen die als unangenehm auffallend ausgewiesenen Eigenschaften zugeschrieben werden.

Dabei werden Frauen und Männer aber durchaus unterschiedlich angesprochen. Frauen werden meist über ihren Körper klassifiziert: Hier wird beschrieben, ob sie sauber und/oder hübsch sind, welche Haltung sie einnehmen, ob sie rauchen. Männer fallen dagegen zum Beispiel durch ihr scheinbar zielloses Herumstreifen und ihr raumgreifendes Verhalten unangenehm auf. Gemeinsam ist den Beschreibungen beider Geschlechter dabei eine Beurteilung anhand des Autofahrens: Nicht zu fahren gilt hier als ebenso problematisch, wie zu schnell (an)zufahren. Offensichtlich gibt es auch eine Standardisierung des anständigen Autofahrens. In einer Phase, in der in Deutschland (und so auch in Frankfurt; Rodenstein 2000, S. 35) die autogerechte Stadt realisiert werden soll, bedienen sich einige wenige (gleichwohl häufig erwähnte) Prostituierte gerade jenes Symbols, das mehr als alle anderen Aufmerksamkeit garantiert: Sie fahren teure Autos. Und die Kritiker bemerken: Sie und ihre Freunde fahren zu laut und zu schnell.[37] Prostituierte, die demonstrativ mit Straßenkreuzern öffentlich Aufmerksamkeit erregen, sind heute aus dem Frankfurter Stadtbild ebenso verschwunden wie ein demonstratives Zurschaustellen durch Stehen und/oder Gehen im öffentlichen Straßenraum.

Verhäuslichung ist, wie Jürgen Zinnecker ausführt, ein Prozess, bei dem der Hör-, Seh- und Geruchskontakt zwischen Innen und Außen unterbrochen wird (vgl. Zinnecker 1990, S. 144). Ziel ist die Verlagerung von Tätigkeiten in geschlossene Räume, um sie besser kontrollieren zu können. »Verhäuslichte Handlungsorte sind dauerhafter, aber auch starrer festgelegt als vergleichbare nicht-verhäuslichte.« (Ebd.) Für Kinder ist dieser Prozess gut erforscht. Für bürgerliche Kinder wird es ab 1800 unziemlich, auf der Straße zu spielen. Das Stadtbürgertum institutionalisiert das Modell der verhäuslichten Kindheit als Erstes. Die kleinbürgerliche Familie folgt langsam dem Vorbild, so dass um 1900 auch das städtische Kleinbürgertum Kindern den Aufenthalt im öffentlichen Raum nur noch selten erlaubt.

37 Die Bedeutung der Straßenkultur gerade im Arbeitermilieu ist in der soziologischen Literatur nicht unbekannt. William Foote Whyte z. B. (1996, Original 1943) beschreibt sie als »street corner society«. Tilmann Allert (1997) rekonstruiert das schnelle Autofahren proletarischer Jungen als Mutbeweis, Abenteuersuche und Männlichkeitskonstruktion.

In den sechziger Jahren endet in Deutschland die Straßenkindheit. Es kommt zu einer durchgreifenden Verhäuslichung dieser biografischen Phase: »Für die Mehrheit urbanisierter Kindheit wird das Modell eines pädagogisch betreuten und individualisierten Familienkindes leitend.« (Zinnecker 1990, S. 155). Zurückgeführt wird diese Entwicklung in der Regel auf soziale Veränderungen wie Stadtsanierungen, Wohnungserneuerung und Massenmotorisierung.

Abgeschlossene gebaute Einheiten, so weiß man aus der Domestizierung der Tiere, der Verhäuslichung der Kinder und aus dem Prozess der Zivilisation allgemein, ermöglichen vor allem Kontrollgewinn. Soziale Ressourcen können in einzelnen Einheiten gleich verteilt oder gezielt hierarchisiert werden. Handlungsabfolgen werden durch das Ausschließen äußerer Einflüsse planbarer. Insofern ist auch die Erwartung an eine verhäuslichte Sexarbeit berechtigterweise eine größere Kontrolle des Geschehens bei gleichzeitiger Verantwortungsverlagerung an die Bordellbetreiber/-innen. Auf die Entwicklung der veröffentlichten Meinung hat die Verhäuslichung insofern Einfluss, als die Journalisten und Journalistinnen keine Beobachtungen und Anekdoten aus dem vormals für alle beobachtbaren Dirnenleben mehr schildern (können). Für die Öffentlichkeit ist der Zugang nun erschwert bzw. nur über den Freierblick möglich – und der ist tabuisiert (vgl. Grenz 2005). Die räumliche Strategie einer Zonierung in ein Innen und ein Außen etabliert damit zugleich – ohne je Gegenstand öffentlicher Auseinandersetzung geworden zu sein, vielleicht aber auch gerade deshalb – auf effektive Art und Weise ein neues soziales Ordnungsmuster.

5.3 Wandlungen räumlicher Strukturen als Wandlungen vergeschlechtlichter Machtbalancen

Zeitungen berichten über Prostituierte als eine eher homogene, allerdings kaum näher beschriebene Gruppe von Dirnen, Damen oder eben Prostituierten, die in den sechziger und siebziger Jahren allerdings durchaus noch eigenwillig, selbstbewusst und machtvoll in Erscheinung treten. »Immer Ärger mit den Dirnen«, titelt die *Frankfurter Rundschau* so beispielsweise im Jahr 1966 und beschreibt die nicht nur von Oberbürgermeister Willi Brundert geteilte Wahrnehmung, dass sich nicht nur Lokalbesitzer und Vermieter, sondern auch »die Damen« mit allen »ihnen zur Verfügung stehenden Mitteln gegen Zwangsmaßnahmen wehren« würden (FR v. 8. Februar 1966). Vor allem »die nicht registrierten Prostituierten ließen sich nicht zum Wegzug bewegen«, und auch die

> »Mädchen in der Westendstraße geben sich selbstbewußt. Werden sie nachts von den Anwohnern gebeten, sich ruhiger zu verhalten, antworten sie oft: ›Wenn es euch nicht paßt, zieht doch aus!‹ Oftmals wurden sie auch auf Nachbargrundstücken angetroffen. Ihre ›Beschützer‹ nehmen ebenfalls kein Blatt vor den Mund. Sie fühlen sich offensichtlich als die neuen ›Herren‹ jenes Viertels und sparen auch nicht mit massiven Drohungen.« (FR v. 19. Juli 1968)

Noch in den sechziger Jahren schreibt die FAZ, die Prostituierten würden »in dem ihnen so lasch angesagten Kampf neue Taktiken« (FAZ v. 2. August 1968) entwickeln. Eine »Gruppe der Prostituierten verteidigt ihre Positionen auf dem bewährten Gelände in einem zähen, raffiniert geführten Stellungskrieg [...]. Eine andere Gruppe der Gunstgewerblerinnen wanderte einfach aus – in Wohngebiete, zum Entsetzen der Anwohner«

(ebd.). Die FR berichtet von einem »›Katz-und-Maus-Spiel‹ zwischen Schutzleuten und Prostituierten« (FR v. 7. Juli 1970), das dem Stadtverordneten Diakon Schöppner zufolge aufhören müsse. In den sechziger und siebziger Jahren werden Prostituierte so und in ähnlicher Form noch überwiegend als sichtbare und handelnde Gruppe beschrieben, wenngleich die Medien sie selten als Einzelpersonen aufgreifen. Vereinzelt stellen sie Opferkarrieren von meist jungen, zum Teil drogenabhängigen (deutschen) Prostituierten vor. Häufig wird auch diskreditierend und moralisch wertend über die Frauen geschrieben, aber vor den Augen der Leserschaft existieren handelnde Personen. Zwar scheinen Journalisten und Journalistinnen kaum mit Prostituierten selbst zu sprechen, für ordnungspolitische Kräfte scheinen sie jedoch zentrale Ansprechpartnerinnen zu sein. Im Kontext der Umsetzung der Sperrgebietsverordnung von 1973 beispielsweise plant die »Schutzpolizei [...] in den Sperrgebieten gezielte und intensive Einsätze; im Rahmen einer Flugblattaktion sollen die betroffenen Damen [geschätzte 1300 bis 1500] über die Verfügung aufgeklärt werden« (FAZ v. 10. März 1973).

Die zunehmend verhäuslichte Struktur des Gewerbes ändert den Umgang spätestens in den achtziger Jahren deutlich: Die Stadt setzt sich nun im Wesentlichen mit den Bordellbesitzern und -besitzerinnen auseinander, während die »Leidtragenden« sich wandelnder Vorgehensweisen »in erster Linie [...] die Sexarbeiterinnen« (Beste 2000, S. 258) sind. Insgesamt gibt es jetzt »keine Schonzeit für Dirnen« mehr (FAZ v. 12. Januar 1987), und auch über die zur verstärkten Kontrolle der Prostitution geplanten ordnungsrechtlichen Maßnahmen werden nun in der Regel lediglich die Bordellbesitzer informiert, während die Prostituierten »unter einem Informationsdefizit litten« (Beste 2000, S. 266).

Dieser veränderte Umgang bei gleichzeitig verstärkten Razzien löst unter den Prostituierten in den achtziger Jahren eine »Endzeitstimmung« aus (Molloy 1992, S. 12). Er führt aber auch zu einer stärker werdenden Solidarisierungs- und Lobbyarbeit. Nach »französischem, italienischem und amerikanischem Vorbild« (FR v. 26. Oktober 1984) sowie in Anlehnung an die bereits existierende Berliner Prostituierten-Selbsthilfegruppe Hydra (FNP v. 30. Oktober 1984; vgl. auch Molloy 1992, S. 11) gründet sich 1984 in Frankfurt die Gruppe Huren wehren sich gemeinsam (HWG), die mit ihrem offiziellen Namen »Verein zur Förderung der Information und Kommunikation zwischen weiblichen Prostituierten« eine ihrer wesentlichen Zielsetzungen verdeutlicht. Als »leichte Mädchen mit schweren Bedenken« (FNP v. 26. August 1985) mischen sich die jetzt organisierten Prostituierten in das politische Geschehen ein. Sie treten dabei nicht nur »immer offensiver auf, um die neue Sperrgebietsverordnung zu bekämpfen« (Beste 2000, S. 263), sondern kritisieren auch polizeiliche Pläne, »gegen Wohnungs- und Straßenprostitution vorzugehen« (ebd., S. 266).

Eine solche Entwicklung verläuft nicht nur parallel zu grundlegenden gesellschaftlichen Veränderungen und insbesondere zu vermehrten frauenpolitischen Aktivitäten, die ihren Ausdruck im Erstarken der Frauenbewegung in den achtziger Jahren finden, sondern ist auch eng mit diesen verzahnt. In der medialen Auseinandersetzung mit Prostitution werden die handelnden Prostituierten jetzt zum einen durch handelnde Politiker/-innen und zum anderen – allerdings in kleinerer Zahl – durch politisch organisierte und als solche handelnde Huren ersetzt. Das, was nach der Verhäuslichung als Prostitution in Text gefasst wird, ist kaum noch das prostitutive Geschehen an sich, sondern fast nur noch der politische Entscheidungsprozess zur Durchsetzung neuer Regelungen für die Prostitution.[38]

38 Im Kontext der Verhandlungen insbesondere um die Sperrgebietsverordnung von 1989 kommen sich Frauenbewegung und Hurenbewegung nä-

In dieser Zeit kommen Frauen in der Berichterstattung zu diesem Thema (von einer Skandalisierung einzelner Opfer von Menschenhandel abgesehen) als Politikerinnen, als Interessenvertreterinnen der HWG und vereinzelt als Anwohnerinnen oder kritische Bürgerinnen vor. Es ist ein Novum, dass nun einige Prostituierte namentlich und öffentlich auftreten und Forderungen stellen. Mit dem Fokuswechsel der Medien vom Geschehen im Quartier zum Geschehen in der Politik erfährt jetzt aber auch das Geschlecht neue Zuschreibungen. Bestand die Vergeschlechtlichung des Feldes zuvor in körpernahen Beschreibungen der sich prostituierenden Frauen und der Aktivitätspotenziale der Männer (herumlungernde Luden, stürmende Polizisten), so manifestiert sich das Frau-Sein nun vorwiegend in der politischen Parteinahme. Selbst die *Bild*-Zeitung berichtet mit fast stolz-patriotischem Unterton über einen europäischen Prostituiertenkongress in einem Amsterdamer Kulturzentrum, an dem auch Frankfurter Sexarbeiterinnen teilnahmen:

> »Alle sechs Frankfurterinnen profilierten sich durch eifrige Beredsamkeit und lautes Klagen über die brutale Männerwelt. Sie wurden in den Gründungsvorstand gewählt, der sogleich sein Programm verkündete: Nicht die Prostitution ist schlecht, sondern die Ausbeutung. Wir haben keine Rechte [...]. Vornedran waren die sechs Sex-Mädchen aus dem Bahnhofsviertel auch beim Formulieren eines Forderungskatalogs: Freie Wahl des Arbeitsplatzes, keine Sperrzonen mehr, Anerkennung als Beruf, Versteuerung und Krankenversicherung wie bei allen Freiberuf-

her: Als die Stadt Frankfurt beispielsweise im März 1992 die Räumung eines Bordells in der Elbestraße veranlasst, ohne die dort arbeitenden Frauen im Vorfeld darüber informiert zu haben, reagiert nicht nur die HWG, sondern auch das Frauenreferat und das Sozialamt mit »massiven Protesten« (Molloy 1992, S. 54).

lern, ein Verein von Juristen, der gegen Zuhälter hilft.« (*Bild*-Frankfurt v. 16. Februar 1985)

Verstärkte Aufmerksamkeit erfährt zu dieser Zeit ein das stadtpolitische Geschehen stark bestimmender Streit zwischen den Parteien um eine von der CDU intendierte Verlagerung des Prostitutionsgeschehens. In diesem Zusammenhang ist nun zum Beispiel zu lesen, die grüne Stadträtin Magarete Nimsch habe in einem Ausschuss im Römer auch einige Vertreterinnen des Vereins HWG zu Wort kommen lassen (FAZ v. 22. August 1986). Auch die CDU-Stadtverordnete Walburga Zizka weist auf die bereits vorhandenen Anlaufstellen für Exprostituierte hin. Sylvia Schenk, später Frauendezernentin, ist »froh«, dass das Tabu durchbrochen werde (vgl. FNP, FR, FAZ v. 9. September 1986). Marita Haibach, die Staatssekretärin bei der Landesfrauenbehörde in Wiesbaden, unterstützt in einer Grußadresse »die Gruppe ›Huren wehren sich gemeinsam‹ (HWG) in ihrer Entscheidung [...], sich ›als Bürgerinnen von Frankfurt‹ öffentlich zu Wort zu melden« (FR v. 23. August 1986). Über Prostitution wird nun als ein Aktionsfeld der sich etablierenden Frauenbewegung und der grünen Partei berichtet. Anlässlich des Filmstarts von Lizzie Bordens *Working Girls* findet eine »Podiumsdiskussion zum Thema ›Arbeitsplatz Bordell‹ statt«, bei der »Cora und Maria [...] von der HWG« mit auf dem Podium sitzen (FR 10. November 1987). Die Leser und Leserinnen erfahren von Cora, dass es »im allgemeinen [...] schwer [sei], einem Außenstehendem zu vermitteln, was diesen Job ausmacht« (ebd.). Im Übrigen sei das »Bild von der zur Prostitution erniedrigten Frau [...] falsch« (ebd.). Zunehmend explizit wird der Kampf um die Prostitution in stadtpolitische Debatten und insbesondere in den Geschlechterkampf eingefügt. Negativ konnotierten Bewertungen, wie etwa einer Erklärung von Planungsdezernent Hans Küppers, dass »dieser

Personenkreis [die Prostituierten] aufgrund der Art des Gewerbes kein Gesprächspartner« für den Frankfurter Magistrat sei, oder auch ein vom CDU-Fraktionsvorsitzenden Wolfgang Wenderoth eingefordertes Recht, »sich gefälligst nicht mit Prostituierten an einen Tisch setzen zu müssen«, setzt Brigitte Sellach für die Grünen nun – sowohl Frauen unterstützend als auch Männermacht ankreidend – entgegen, »daß der Magistrat schon seit langem mit den Bordell-Besitzern verhandelt, ›die das Geschäft der Prostitution betreiben‹« (FR v. 15. August 1987).

Die mediale Trennung zwischen »anständigen«, bürgerlichen und »unanständigen« Frauen beginnt sich im Stadtparlament, besonders in der Kooperation zwischen Frauenbewegung, Grüner Partei und einzelnen Politikerinnen, aufzuheben. Prostituierte werden nun als Politikerinnen thematisiert (Hurenbewegung), und ihre Tätigkeit wird mit ihren spezifischen Problemlagen im Stadtparlament angesprochen. In den achtziger Jahren – einer Zeit, in der Frauen verstärkt für ihr Recht auf eigenständige Absicherung und (qualifizierte) Arbeit kämpfen und hierbei auf eine zunehmende Akzeptanz stoßen – fokussiert die Medienberichterstattung auch im Hinblick auf die sich prostituierenden Frauen zunehmend auf den Arbeits- und Berufsaspekt der Tätigkeit. Wird die Prostitution insgesamt in den fünfziger und sechziger Jahren als ein von »Zügellosigkeit« geprägter »Vergnügungsdschungel« aufgegriffen (Pfarrer Karl Zeiss in der FNP v. 1. September 1959) und die Prostituierten als »arbeitsscheu und ohne Bereitschaft, Pflichten zu übernehmen« (FR v. 7. November 1968) beschrieben, so ändert sich dies im Laufe der nächsten Jahrzehnte deutlich. Der Blick richtet sich in der öffentlichen Thematisierung von den »*berufsmäßig* Asozialen weiblichen Geschlechts« (Kriminaldirektor Kalk in der FR v. 7. November 1968; Herv. d. V.) zunehmend auf die Prostitution als (anerkannte) *Berufstätigkeit*. »Erscheinungen, die noch vor wenigen Jahrzehnten allgemein als unvereinbar mit den ›guten Sitten‹ angesehen wurden, begegne man heute mit ›amüsierter Toleranz‹« (FAZ v. 11. Dezember 1974), wie ein Richter schon 1974 feststellt. »Faulheit« als Zuschreibung für Prostituierte verschwindet zunehmend: Zwar will immer noch niemand Prostituierte in seiner unmittelbaren Nachbarschaft sehen, aber wahrgenommen wird jetzt, dass »deren käufliche Nächstenliebe mit höchstem körperlichem Einsatz verbunden ist« (FN v. 4. März 1982).

Insgesamt wird seit den achtziger Jahren über die Interessen von Prostituierten positiv und anerkennend berichtet. Die HWG habe Kontakte zu Parteien, Fraueninitiativen, Gesundheitsamt und Kirchen aufgenommen, die Resonanz sei positiv. Zielsetzungen der Organisation sei es, die Isolation von Prostituierten zu durchbrechen, »die [...] einer Arbeit nachgehen, die gesellschaftlich gebraucht, aber gleichzeitig verachtet wird« (FR v. 26. Oktober 1984). In einem »Selbsthilfeprojekt für und von Prostituierten« (ebd.) solle jetzt im Alltag Entlastung geboten werden, insbesondere wenn Familie vorhanden sei. Grundsätzlich soll ein Denkprozess angeregt werden, durch den sich »die Selbstverachtung der Prostituierten in Selbstbewußtsein« verwandeln könne (ebd.). Auch in der Diskussion um die Verlegung von Kontrollkompetenzen vom Gesundheits- zum Ordnungsamt kommen HWG-Frauen als Stimme der Prostituierten jetzt häufig zu Wort: »Die Prostituierten fühlen sich durch eine solche Regelung noch weiter in die kriminelle Ecke und die Illegalität gedrängt. [...] Aus Angst, von den Polizeibehörden verfolgt zu werden, scheuten die Frauen den Gang zum Gesundheitsamt, erklärten sie.« (FNP v. 2. August 1985)

In der Berichterstattung über die Frauen der HWG wird eine Abkopplung der Bewertung von Person und Tätigkeit deutlich: Frauen sind nicht länger Dirnen, sondern arbeiten als Prostituierte. In der medial aufbereiteten Außenwahrnehmung findet dabei unter anderem eine Verlagerung von der allgemeinen Bewertung ihres Körpers als (Haut-)Oberfläche (dreckig, vulgäre Haltung) auf die Kleidung – und damit auf die äußere, abstreifbare Inszenierung des Körpers statt:

> »Aufreizende Kleidung, übertriebenes Make-up und eindeutige Angebote an mögliche Freier. Diese Vorstellung verbindet man normalerweise mit den Prostituierten des Frankfurter Bahnhofviertels. Nichts von alledem findet sich bei der wöchentlichen Zusammenkunft des ›Vereins zur Förderung der Information und Kommunikation zwischen weiblichen Prostituierten‹ im Stadteilbüro Gutleut. 20 junge Frauen in Jeans und Pullover sitzen um die weißen Caféhaustische herum, trinken Tee, diskutieren ihre Probleme. Eine Situation, die eher an ein zwangsloses Uni-Seminar erinnert.« (FNP v. 30. Oktober 1984)

Wenn Menschen keiner bezahlten Arbeit nachgehen, verweist, so zeigt Chris Brickell (2002), ihre Kleidung auf ihren marginalisierten Status. Umgekehrt existieren formale Kleidungsordnungen, die es ermöglichen, Personengruppen Berufssparten zuzuordnen (vgl. Longhurst 2000; McDowell 1997). Fast hörbar ist im Zitat noch das Erstaunen des Journalisten, dass die Arbeit der Prostituierten eine berufliche Inszenierung mit sich bringt, die keineswegs in den Alltag hineinreicht. Durch die Alltäglichkeit, die sich im Umgang mit Prostituierten jenseits ihres Arbeitslebens vermittelt, entsteht eine Perspektive auf Prostitution als zeitweilig ausgeübte Arbeit: Schon zwei Jahre später ist die »Arbeitskleidung« der Prostituierten (FNP v. 15. August 1986) – wenn auch zunächst noch in Anführungsstriche gesetzt – ein eingeführter Begriff. »Prostituierte[n] in Arbeitskleidung« bringt nun zumindest »ein Teil der Bürger Sympathie entgegen« (FNP v. 23. August 1986).

Mit der Verhäuslichung der Prostitution verschwinden nicht nur die Prostituierten aus dem Blickfeld der Medien, sondern auch die ohnehin selten erwähnten Kunden. In den Beschreibungen der Freier der sechziger und siebziger Jahre stehen die Belästigung durch Ansprechen von (soliden) Frauen sowie die Ruhestörung im Zentrum. So sagt ein Polizeibeamter:

> »›Oft sind es die Freier, die die öffentliche Ruhe und Ordnung stören, und nicht die Mädchen. Etwa, wenn sie zu Dutzenden ein Dirnenquartier belagern und die Straße versperren. Oder, wie im Westend, hupend mit ihren Autos immer wieder an den Mädchen vorbeifahren‹. Die sich beschwerende Nachbarschaft lehne es laut dem Beamten aber ab, Anzeige zu erstatten: ›Sie wollen sich aus privaten oder geschäftlichen Gründen mit den Leuten nicht anlegen.‹ Ein Wortführer sei sogar selbst als Kunde gesichtet worden.« (FR v. 8. November 1968)

Ab und an wird die Nachfrage nach Prostitution auch als Notwendigkeit für alleinstehende (!) Männer thematisiert: So wird zum Beispiel das neu entstandene Eros-Center im Bahnhofsviertel aus Polizeisicht positiv bewertet: Wo sollen denn sonst »die Männer hingehen [...], die unbeweibt in Frankfurt leben?« (FR v. 7. Juli 1970).

Später wird, wenn Freier überhaupt erwähnt werden, eher über allgemeine Größenordnungen der Gruppe der Freier spekuliert, und zwar meist in Verbindung mit dem Thema der Arbeitsmarktlage der sich prostituierenden Frauen. So erklärt zum Beispiel Helmut Schneider, »Chef des Sittendezernates bei der Frankfurter Kriminalpolizei und intimer Kenner der Prostitution in der Mainmetropole« (FN v. 1. Oktober 1976), Besucher der Buchmesse seien keine lohnenswerte Kundschaft für Prostituierte. Diese Messe mache sich »bestenfalls bei den

Callgirls der Spitzenklasse bemerkbar, die von den Portiers der Nobelhotels an interessierte Kundschaft empfohlen werden«. Lohnenswerter sei es »bei den übrigen Messen« (ebd.), vor allem bei der Automobilausstellung.

Im Jahr 1985 rücken die Kunden zwar noch einmal im Kontext der breit thematisierten Aids-Gefahr in den Fokus der Medien, allerdings ebenfalls nur vermittelt bzw. im Kontext der Berichterstattung über Prostituierte. Erst in allerjüngster Vergangenheit sind Freier wieder ein Medienthema (z. B. im Kontext der im Zuge der Fußballweltmeisterschaft 2006 durchgeführten Freier-Aktionen).

Mit dem Prozess der Verhäuslichung der Prostitution ändert sich auch die Wahrnehmung der Zuhälter in den Medien: Sie werden nun zunehmend zu Geschäftsleuten und/oder in jüngeren Auseinandersetzungen – und verknüpft mit dem Aspekt der Migration – zu Menschenhändlern. In den sechziger und siebziger Jahren beschreiben die Medien Zuhälter sehr ambivalent als eine mit dem Prostitutionsgeschehen eng verwobene Gruppe. Unter dem Titel »Gebt uns unsere Männer wieder« (FR v. 31. Juli 1968) heißt es 1968 in einem Bericht über eine Gerichtsverhandlung beispielsweise, es seien drei Zuhälter zu Gefängnisstrafen verurteilt worden, weil sie die Festnahme zweier Prostituierter verhindert hatten, die sich mit einer dritten geprügelt hatten, welche blutend am Boden gelegen habe, als die Polizisten eintrafen. Das Gericht stellte den Tatbestand der Teilnahme an einem Aufruhr fest. Zu den Angeklagten bemerkt der Autor, dass »nicht ersichtlich« sei, wie »sie eigentlich ihren Lebensunterhalt verdienen. Sie säen nicht, sie ernten nicht, aber irgend jemand ernährt sie immer.« (Ebd.)

Trotz einer wiederholt thematisierten Aggressivität des Zuhälters wird dieser zugleich als eher passive Figur eingeführt. Wie Prostituierte werden auch Zuhälter allgemein als Personen beschrieben, die durch Faulheit bzw. den Verzicht auf eine geregelte Arbeit das gesellschaftliche (bürgerliche) Arbeitsethos infrage stellen. In einer Zeit, in der die Fähigkeit, eine Familie zu ernähren, noch deutlich mehr als heute eine »normale« Anforderung für Männer darstellte, werden Zuhälter mit negativer Konnotation als Personen beschrieben, die vom Geld der Frauen leben. Der Verdacht eines (großen) Gewinns ohne vorherige Arbeit wird klar thematisiert: Zuhälter seien »Männer, die durch den Schlaf anderer im Schlaf so gut verdienen wie Direktoren« und »nicht selten gleich den Gewinn mehrerer Dirnen« einstecken (FR v. 4. Januar 1972). Einer Studie des Kriminologen Armand »Toto« Mergen zufolge können Zuhälter dabei aber auch Opfer der Frauen werden. Laut Mergen rutsche die Mehrzahl der Zuhälter ins Milieu hinein. Die meisten seien von Prostituierten »›verführt‹ worden« (ebd.), womit auch hier nochmals die in den sechziger und siebziger Jahren deutlich als aktiv handelnd interpretierte Prostituierte in den Blick kommt.

Sehr direkt werden den aktiven Werbungs- und Bindungsbestrebungen der Prostituierten, die ihrem Zuhälter gelten und auf seine Passivität verweisen, auch umgekehrt Passivität und emotionale Abhängigkeit der Prostituierten entgegengestellt, wie es zum Beispiel in dieser öffentlich gestellten Frage zur Sprache kommt: »Warum hängen viele dieser Mädchen, die doch fast alle das Ziel haben, zu sparen und nach einer begrenzten Zeit eine solide bürgerliche Existenz zu gründen, ihr Herz an einen gnadenlosen Parasiten und Ausbeuter, der sie quält und schindet und immer weiter in die Gosse stößt?« (FR v. 6. November 1968)

Eine Staatsanwältin spricht in diesem Zusammenhang von einem »notwendigen Schutz der meist labilen Mädchen, die durch die totale Ausbeutung körperlich und psychisch völlig ruiniert werden und dadurch jede Chance zum Absprung verlieren« (ebd.). Sowohl das passive Verhalten des Sich-aushalten-Lassens als auch das aktive Verhalten in Form von körperlicher

Präsenz und Schlagkraft führen in den Medien zu dem Urteil: »Einen Beruf nennt man den schmutzigsten: den Job des Zuhälters« (FR v. 4. Januar 1972). Die in den Artikeln beschriebene Lebensweise der Zuhälter in Relation zu ihren Dirnen wird oft als »primitive, unzivilisierte« Existenzform beschrieben: So stellt etwa der Strafrechtler Professor Geerds in der *Frankfurter Rundschau* fest, dass Zuhälter – ebenso wie »Dirnen« – »sozial nicht voll funktionsfähig« seien (FR v. 6. November 1968). Vergleichbare Verhältnisse »finde man in primitiven Bevölkerungsschichten«, wo es Männer gebe, »die nicht arbeiten und das Geld vertrinken, das ihre Ehefrauen als Putzhilfe mühsam verdienen« (ebd.). Wie schon im Hinblick auf die Gruppe der Prostituierten findet man auch auf die Gruppe der Zuhälter bezogen eine Stigmatisierung, wenn sie als unterste soziale Schicht beschrieben werden.

Die ersten Versuche einer Gegenlesart gibt es ab 1975 im Kontext der oben beschriebenen, durch die Frauenbewegung angeregten Wandlungstendenzen der Prostitution hin zu einem Arbeitsfeld. Der Bordellbesitzer als Gewerbetreibender löst nun nach und nach den Zuhälter in der Berichterstattung ab. Im August 1975 veröffentlicht die Gießener Soziologin Dorothea Ritter-Röhr eine Untersuchung unter Frankfurter Prostituierten. Sie verweist darin »den brutalen Zuhälter, der viele Mädchen gleichzeitig ›betreut‹, bedroht und ausbeutet, ins Reich der Fabel. Das seien Ausnahmen. Die Ausbeuter der Mädchen seien viel eher die Vermieter, die Wucherpreise für die Absteige kassierten. Im übrigen sei der Lebensstil der Frauen aufwendig« (FR v. 8. August 1975).

Spätestens Ende der achtziger, Anfang der neunziger Jahre scheinen die Zeiten der Faulheit auch für Zuhälter vorbei zu sein. Die nicht selbst in der Prostitution arbeitenden, aber an der Prostitution verdienenden Männer werden nun als entweder in mafiöse Machenschaften verstrickte (oft ausländische)

Menschenhändler beschrieben oder als seriös erscheinende, kaufmännisch agierende Bordellbetreiber. In journalistischen Porträts wird jetzt auch das Engagement von Bordellbetreibern für das Bahnhofsviertel betont:

> »›Sie wird sehr schön, unsere neue Fassade‹, versichert uns Willi Schütz. Er hat den ganzen Gebäudekomplex renovieren lassen. Der Kontakthof ist verschwunden, in zwei verschachtelten Komplexen gibt es rund 160 Zimmer für Prostituierte. Die Zimmer sind sehr geräumig. Jedes ist mit einem Farbfernsehgerät ausgestattet. Die Fassade des stattlichen Gebäudekomplexes soll ihren alten wilhelminischen Glanz wieder erhalten. Im Inneren ist die Striptease-Bar verschwunden, ein Sauna-Club wird eingerichtet.« (FNP v. 30. April 1986)

Nach den Worten von Kriminalkommissar Kowalski ist 1990 im Frankfurter Rotlichtmilieu »neben dem kleinen Loddel, der froh sei, wenn er eine ›Partie‹ habe, das heißt, eine ›Zweitfrau, die auch für ihn anschafft‹, der ›unternehmerisch arbeitende‹ Zuhälter im Einsatz« (FAZ v. 20. Mai 1990). Dieser betreibe meist ein oder mehrere Bordelle und sei mit hochwertigen Fahrzeugen nicht selten mehrere tausend Kilometer in der Woche unterwegs, um durch persönliche Vorsprache oder abhörsichere Telefongespräche Einfluss auf die Geschäfte zu nehmen. Die meisten Zuhälter hätten zudem noch ein zweites Standbein: Sie seien im Glücksspiel- und Drogengeschäft ausgesprochen aktiv (ebd.).

Für den konstatierten Wandel vom Zuhälter zum Bordellbetreiber und Kaufmann typisch ist auch hier die von städtischer Seite unterstützte Etablierung von Großbordellen. Während im Hinblick auf die Prostituierten festgestellt werden konnte, dass sie durch ihr Verschwinden in die Häuser zunehmend an Einflussmöglichkeiten verlieren, haben die sich etablierenden Bordellbetreiber schnell an (politischem) Einfluss gewonnen. Die Stadt Frankfurt plant ihre Vorgehensweisen in dem in den achtziger Jahren tobenden »Machtkampf um den Sexmarkt« (Abendpost v. 30. November 1982) jetzt zunehmend so, dass sie nach Möglichkeit durchgeführt werden, »ohne [...] die ›Milieuherrscher‹ zu verärgern« (Beste 2000, S. 258). Es entwickeln sich in dieser Zeit gute, wenn auch »indirekte Kontakte« (ebd., S. 257) zwischen Milieu und Behörden. Zumindest »zwischen den Großen der Branche im Bahnhofsviertel und Vertretern der Stadt« bestehen nun Kontakte, »die bei aller gegensätzlicher ›Motivlage‹ [...] auf ein einverständliches Handeln hinauslaufen könnten« (FR v. 3. März 1984). Während die Frauen in den Auseinandersetzungen um die Prostitution nicht einmal mehr informiert werden (vgl. z. B. Molloy 1992, S. 54; siehe oben), verweisen die Entwicklungen im Hinblick auf die Bordellbetreibenden auf einen Machtzuwachs im städtischen Gefüge.

5.4 Prostitution im Kontext gesamtgesellschaftlicher Veränderungen

Die sechziger Jahre werden vielfach als Jahre des Wandels vom Spar- zum Konsumkapitalismus beschrieben (Mooser 1984; Krüger 1985; Beck 1986), mit dem steigenden Lebensstandard ändern sich auch die Werthaltungen. Zunehmend gilt es als erstrebenswert, sich etwas gönnen zu können. Errungenschaften der pharmazeutischen Industrie wie die Antibabypille verändern die Einstellung zur Sexualität ebenso gravierend wie die sozialen Bewegungen der damaligen Zeit (Studentenbewegung, Frauenbewegung, Schwulen- und Lesbenbewegung). Während 1949 und auch noch 1963 annähernd 90 Prozent der 14- bis

29-Jährigen die Meinung vertreten, »die Ehe sei grundsätzlich notwendig«, ist dies 1978 bei der entsprechenden Altersgruppe nur noch bei 40 Prozent der Männer und bei 42 Prozent der Frauen der Fall (vgl. Kaufmann 1990, S. 94). Heiraten als biografische Normalität ist nur noch im ländlichen Milieu und im Arbeitermilieu selbstverständlich. »Die wachsende Gleichgültigkeit gegenüber der Institution Ehe (und erst recht ihre Ablehnung) findet man am häufigsten im großstädtischen Akademikermilieu und dort häufiger bei jungen Frauen als bei jungen Männern.« (Peuckert 2002, S. 49)

Die emotionale und moralische Qualität einer Beziehung wird schon Ende der siebziger Jahre nicht mehr an einen Ehevertrag gebunden (Kaufmann 1990, S. 95, vgl. auch Pohl 1985), Konventionen wie Verlobung verlieren an Bedeutung (Zapf 1977), Scheidungsraten steigen an. Die Zahl der Alleinwohnenden nimmt zu (ebd.; auch Höpflinger/Erni-Schneuwly 1989). Zygmunt Bauman beschreibt in diesem Zusammenhang eine Hypersexualisierung des Alltags als Folge des Einstellungswandels:

> »Einerseits lobpreist die postmoderne Kultur sexuelle Genüsse und ermutigt dazu, jeden Winkel der Lebenswelt mit erotischer Bedeutung zu versehen; sie fordert vom postmodernen Erregungssammler, sein Potential als sexuelles Subjekt voll zu entwickeln. Andererseits verbietet diese Kultur, einen anderen Erregungssammler wie ein sexuelles Objekt zu behandeln.« (Bauman 1998, S. 34)

Die Sexualisierung des Alltags paart sich mit dem Anspruch, dass nur das erlaubt ist, was konsensuell vereinbart wird. Dem Sexualwissenschaftler Gunter Schmidt (2005) zufolge entwickelt sich Sexualität zur Verhandlungssache, das heißt, geduldet wird, was den am sexuellen Akt Beteiligten gefällt. In der öffentlichen Auseinandersetzung um die Sexualität ergreifen auch Prostituiertenverbände das Wort. Ihre Bestrebungen richten sich unter anderem darauf, gemeinsam mit Teilen der Frauenbewegung und den linken Parteien dafür zu kämpfen, Prostitution als Beruf anzuerkennen. Die Verhäuslichung geht diesen Bestrebungen voraus.

Das Verschwinden der Prostituierten (zusammen mit den Freiern) aus dem öffentlichen Straßenraum der Stadt – und damit auch aus dem Blick der (Medien-)Öffentlichkeit –, das wir als Verhäuslichung begrifflich zu fassen vorgeschlagen haben, ist Resultat gezielter und folgenreicher raumpolitischer Interventionen. Forciert durch die Sperrgebietsverordnung hat sich in den Toleranzzonen auf engstem Raum die Bordellprostitution nahezu monopolartig etabliert. Prostituierte können nun eigenständig Zimmer anmieten und finden zunehmend auch eine distanziert-politische Anerkennung. Gleichzeitig muss jedoch konstatiert werden, dass die eigentlichen Gewinner der Veränderung die Betreiber (und vereinzelt auch gegebene Betreiberinnen) sind, die nicht nur im Feld der Prostitution selbst, sondern auch im Stadtgefüge insgesamt deutlich an Einfluss gewonnen haben. Auf der Straße zu arbeiten mag viele Nachteile haben (z. B. fehlende Hygiene), aber es hat den großen Vorteil, dass man dabei sichtbar am öffentlichen Leben partizipiert. Trotz aller gesellschaftlichen Umbrüche gilt eines bis heute noch nicht: dass die Sexarbeit zum gesellschaftlichen Alltag gehört.

6. Angst? Die emotionale Aufladung der Räume der Prostitution

»Es zieht keiner hierher, weil er sich gar nicht getraut, hierherzuziehen« (Anwohner A.), »Ich hätte dann da Angst« (Freier L.), »Da würde mir dann vielleicht doch ein bisschen die Muffe gehen« (Freier K.) oder »Dann hatten wir da aber auch Angst« (Architekturstudent A.1) hörten wir in Interviews und Gesprächen immer wieder, wenn es um Orte der Prostitution in Frankfurt ging.

Vor allem das Bahnhofsviertel wird als eine »Zone« (Anwohner A.) wahrgenommen, die bei den sich hier aufhaltenden Menschen Angst und Scheu auslöst. Ein Polizist, der fünf Jahre »zuständig für die Sicherheit und Ordnung« (Polizist G.) im Quartier gewesen ist, berichtet von zahlreichen Begegnungen vor Ort, die er als »angstbesetzte Situationen« beschreibt, »wo die Leute wirklich Angst hatten«, und gesteht in diesem Kontext auch für sich selbst ein: »Es gab Situationen, wo ich Angst hatte.« (Ebd.) Freier bewegen sich hier teilweise bewusst zu zweit, »weil einer allein [...] zu schnell überfallen« werden könnte (Freier K.). Ein Architekt, der in die stadtplanerische Umgestaltung des Viertels eingebunden war, umschreibt seine ersten Eindrücke mit den Worten: »Am Anfang haben wir gedacht, Taunusstraße, das ist die Hölle [...]. Gut, dass wir da lebend rein- und wieder lebend rausgekommen sind.« (Experte U.) Anwohnende und Gewerbetreibende fühlen sich hier, als lebten sie im »Epizentrum der menschlichen Abgründe und Gefühle«, wie zum Beispiel der Leiter eines Grafikdesignbüros ausführt (Anwohner B.). Insbesondere Frauen »haben Angst, haben pure Angst«, beschreibt er seine Erfahrungen mit Kundinnen: »Die sagen dann: ›Ich würde hier abends nicht langgehen!‹« (Ebd.)

Selbst Interviewte, die betonen, dass sie sich im Bahnhofsviertel eigentlich relativ sicher fühlen, relativieren dieses Gefühl in der Regel kurz darauf, indem sie auf einen *grundsätzlich* aber doch unsicheren Stadtraum verweisen – zumindest zu bestimmten Zeiten, an spezifischen Orten oder für bestimmte Menschen. So beschreibt zum Beispiel die Leiterin einer Event-Agentur, dass es »natürlich schon Zeiten« gebe, zu denen »es wirklich [...] gefährlich ist« (Anwohnerin A.). Einer der oben zitierten Freier erzählt, dass er sich heute im Gegensatz zu früheren Zeiten »eigentlich relativ sicher« (Freier K.) fühle, und hebt als besonderen Vorzug der Straßenprostitution hervor, dass man sich dort, »im eigenen Auto«, doch noch »ein bisschen sicherer fühle als jetzt hier« (ebd.). Ein anderer hat vor allem deshalb »keine Angst«, da er sich als »überzeugter Einzelgänger« auch »selbst zur Wehr setzen« könne (Freier D.). Und der oben zitierte Leiter des Grafikdesignbüros beschreibt uns »Läden,[39] die angstfrei« seien, als Ausnahmen im Viertel (Anwohner B.).

Die hier sichtbar werdende »emotionale Aufladung« mit Gefühlen von Angst, Scheu und Unsicherheit[40] lässt sich nicht nur für das Frankfurter Bahnhofsviertel, sondern für Räume der Prostitution allgemein immer wieder feststellen. Sowohl in der öffentlich-medialen als auch in der sozialwissenschaftlichen

39 Gemeint sind Tabledance- und Animierläden.

40 Gefühle von Angst, Scheu und/oder Unsicherheit sind dabei keineswegs immer gegeben, und es handelt sich dabei auch keineswegs um die einzigen Gefühle in der Auseinandersetzung mit dem prostitutiven Feld (vgl. Kap. 7). Ängste und Unsicherheiten sind aber durchaus dominante, das Handeln in Bezug auf das Feld mehr oder weniger stark bestimmende Gefühle.

Auseinandersetzung mit dem Feld wird diese bisher jedoch kaum hinterfragt, sondern als mehr oder weniger selbstverständlich gegeben vorausgesetzt.

6.1 Das Frankfurter Bahnhofsviertel, eine Angst und Unsicherheit auslösende Zone

Räume der Prostitution scheinen vor allem für Außenstehende und bei ersten – bewusst gesuchten oder sich zufällig ergebenden – Begegnungen mit dem Feld eine deutlich verunsichernde, beängstigende oder auch bedrohliche Wirkung zu haben. Nachfragen, worauf sich diese Reaktion konkret bezieht, können allerdings nur selten genauer beantwortet werden. So ist zum Beispiel für den oben zitierten Polizisten das prostitutive Geschehen im Bahnhofsviertel auch nach mehrjähriger intensiver Auseinandersetzung vor Ort »immer irgendwie etwas Fremdes, Angstbesetztes in irgendeiner Form« geblieben (Polizist G.). Im Gespräch mit uns fällt ihm aber auf, dass er kaum konkrete Hintergründe solcher Ängste benennen kann. Auch die Leiterin der Event-Agentur, die das Viertel zeitweise für gefährlich hält, weiß gleichzeitig gar nicht so genau, wovor man denn eigentlich Angst haben sollte, denn hier »passiert doch weniger als woanders« (Anwohnerin A.). In ähnlicher Weise charakterisiert ein ortsansässiger Schuhmacher das Bahnhofsgebiet einerseits als Angst und Scheu auslösende Zone, andererseits ist er aber auch davon überzeugt, dass hier eigentlich die soziale Kontrolle sehr viel größer sei als in anderen Frankfurter Stadtteilen, in denen man zum Beispiel eher überfallen werden könne, weil die Straßen hier vor allem abends meist menschenleer seien (Anwohner A.). Das Gefühl, sich möglicherweise »zur Wehr setzen« zu müssen, entsteht bei dem oben zitierten Freier, obwohl ihm »noch nie etwas passiert« sei, wie er im Gespräch betont (Freier D.). Ähnlich äußert sich auch der befragte Grafikdesigner: »Mir ist ja noch nie was passiert«, was auch er mit dem sogar eher geringen Gefahrenpotenzial im Viertel erklärt, da hier »zu viel Leben« sei (Anwohner B.). Dennoch kennt er »einfach so die Angst«, dass man auf einmal in eine bedrohliche Situation kommen *könnte* (ebd.).

In der Reflexion bleiben Ängste und Unsicherheiten oft widersprüchlich oder vage und diffus. Interviewte erklären sie selten mit einem Wissen um begangene Straftaten oder Kriminalitätsraten, sondern vor allem mit einer als unangenehm empfundenen Wahrnehmung der räumlichen Gegebenheiten vor Ort und der sich hier aufhaltenden Menschen. Es ist die »Ausstrahlung dieses Viertels«, die kaum etwas »Erstrebenswertes« hat (Anwohner A.). Die »Häuser sehen nach nichts aus, die Läden sehen nach nichts aus, das ist alles nicht das, was ich mir hier vorstellen könnte«, beschreibt zum Beispiel der Schuhmacher die Gründe für »Angst und Scheu« im Viertel (ebd.). Nicht nur für ihn hängen solche als negativ und belastend wahrgenommenen Gefühle dabei vor allem mit einem kaum zu ignorierenden »Schmuddel« im Straßenbild zusammen (ebd.), der das Lebensgefühl vor Ort stark bestimmt, auch wenn durchaus zeitliche und räumliche Differenzierungen gemacht werden. So stellt ein Anwohner zum Beispiel fest, dass es durchaus darauf ankomme, »wann du unterwegs bist« (Anwohner C.): Morgens oder auch an bestimmten Tagen sei es besonders schlimm. Die Leiterin der Event-Agentur betont dagegen eher räumliche Unterschiede, wenn sie feststellt, dass vor allem die zum »Rotlichtmilieu« gehörige Taunusstraße »schon so richtig die Dreckstraße« sei (Anwohnerin A.).

Neben Müll und Dreck beschreiben die Interviewten zudem immer wieder auch die nahezu unausweichliche Auseinandersetzung mit »Elendsstrukturen« als sehr belastend und verunsichernd: Junkies und Cracksüchtige, die im Viertel stark auffallen, verunsichern nicht nur, sondern »deprimieren einen ja« zugleich, beschreibt zum Beispiel die Event-Managerin ihre Gefühle auf dem Weg zur Arbeit (Anwohnerin A.). Im Hinblick auf das Bahnhofsviertel als ein in den Medien oft aufgegriffenes »Amüsierviertel« führt sie weiter aus, dass man sich hier doch eigentlich gar »nicht so gut amüsieren [könne], wenn da nebenan gerade ein Crack-Süchtiger zusammenbricht. [...] Die sehen so traurig aus. [...] Das ist einfach traurig« (ebd.). Der Wirkung ihrer Gefühle – einem Bestreben nach größtmöglicher Distanz – kann sie sich trotz der selbstkritischen Reflexion, dass sich bei Begegnungen mit Drogenabhängigen selten bedrohliche Situationen einstellen, kaum entziehen. Ähnlich beschreibt auch der Grafikdesigner, wie ihn das Elend auf den Straßen vor seiner Agentur belastet und abschreckt, auch wenn die hiermit angesprochenen Menschen für ihn keine direkte Gefahr darstellen:

> »Das ist eigentlich ein böses Argument, das weiß ich auch [...]. Das ist aber so. Es reichen schon die Penner, man muss ja noch nicht einmal in die Drogenecke greifen, sondern kann auch in die Ecke der Obdachlosen greifen, die dann zu zwölft irgendwie lull und lall einfach vor der Tür sitzen, das ist dann doch nicht so prickelnd.« (Anwohner B.)

Nicht nur auf die hier lebenden und arbeitenden Menschen, sondern auch auf diejenigen, die wenig Kontakt zum Quartier haben, wirken solche Probleme verunsichernd und abschreckend, wie der befragte Schuhmacher – die stadtpolitische Verantwortung betonend – feststellt: Das Viertel »immer mehr verslummen zu lassen, das bringt niemandem etwas. Das bringt ganz Frankfurt nichts, das bringt den Prostituierten nichts, das bringt uns als Gewerbetreibenden nichts.« Dies führe allenfalls dazu, dass »keiner mehr hierherzieht, weil man sich nicht traut, hierherzuziehen« (Anwohner A.).

Die hier vor allem mit dem persönlichen Erleben vor Ort begründete Annahme, dass Gefühle von Angst und Unsicherheit sowie damit einhergehende Handlungsfolgen keineswegs (nur) auf konkrete Gefahren rekurrieren, sondern dass diese in komplexen sozialen Zusammenhängen entstehen, erhärtete sich in unserer Feldforschung zunehmend. Gestützt wird sie auch durch die Erkenntnisse der Emotionssoziologie und insbesondere durch die Forschung zu Ängsten und Unsicherheiten.

6.2 Ängste und Unsicherheiten als komplexe soziale Konstruktionen

Die Emotionssoziologie macht heute allgemein deutlich darauf aufmerksam, dass Gefühle sozial bestimmt bzw. sozial konstruiert werden, und auch die immer wiederaufgegriffenen Arbeiten zum Sicherheitsbegriff sowie zum Umgang mit (Un-)Sicherheitserfahrungen weisen klar darauf hin, dass es sich bei »Sicherheit wie auch bei Unsicherheit [...] um *gesellschaftliche Konstruktionen*« handelt (Bonß 1997, S. 21; Herv. i. O.),[41] die auch unabhängig von Gefahren entstehen können und die deshalb in den *sozialen Prozessen ihrer Herstellung* genauer zu analysieren sind.

In der einschlägigen Forschung werden Sicherheit und Unsicherheit dabei gleichzeitig als ein Begriffspaar herausgearbeitet, dem trotz vermeintlicher Eindeutigkeit keineswegs eine klare Definition und Bedeutung zugrunde liegt (vgl. z. B. Bonß 1997). Wenn Befragte ihre Ängste und Unsicherheiten nur

41 Zur Entwicklung solcher Konstruktionen, insbesondere in der Moderne, vgl. z. B. Bonß 1995.

schwer begründen und selbst kaum verstehen können, so dürfte dies zumindest teilweise auch damit zusammenhängen, dass im allgemeinen Sprachgebrauch eine Vielzahl unterschiedlicher Bedeutungen gebräuchlich ist, die im alltäglichen Agieren keineswegs immer bewusst werden.

Franz-Xaver Kaufmann stellt vor allem vier fundamentale Bedeutungskomplexe heraus, die die Wahrnehmung ebenso wie den Umgang mit als sicher oder auch unsicher erlebten Situationen wesentlich bestimmen und die für ein besseres Verständnis der gerade mit Räumen der Prostitution oft verbundenen Ängste und Unsicherheiten fruchtbar gemacht werden können. Von besonderer Relevanz sind dabei zunächst vor allem zwei Bedeutungskomplexe: Zum einen eine Bedeutung, die auf die Idee des »Schutzes vor Gefahr« zielt, und zum anderen eine, die »durch die [...] Bedeutung des lateinischen ›securus‹ – ›ohne Sorge‹ bezeichnet« und von Kaufmann auch als »Sorgelosigkeit« beschrieben wird (Kaufmann 1973, S. 148). Verdeutlicht wird durch diese Unterscheidung, dass sich Gefühle von Sicherheit und Unsicherheit nicht nur auf einen *objektiven* Zustand des Geschützt-Seins bzw. Nicht-geschützt-Seins beziehen, sondern auch auf einen *subjektiven* Zustand des Sich-geborgen-*Fühlens* bzw. Nicht-geborgen-*Fühlens.*

Subjektive und objektive Aspekte sind so stets eng miteinander verknüpft – müssen dabei aber keineswegs übereinstimmen. Die Unterscheidung zwischen subjektiver und objektiver (Un-)Sicherheit bzw. zwischen objektiver Gefahr und subjektivem (Un-)Sicherheitsgefühl trägt zunächst einmal zu einem besseren Verständnis der skizzierten Diskrepanzen zwischen Gefahreneinschätzung auf der einen und Angst und Unsicherheit auf der anderen Seite bei. Interviewaussagen, in denen das Bahnhofsviertel erstens als städtischer Bereich beschrieben wird, in dem Gefahren als geringer eingeschätzt werden als anderswo, die zweitens aber auch verstärkte Angst- und Unsicherheitsgefühle zum Ausdruck bringen, sind damit keineswegs ein Widerspruch, sondern in der mehrdimensionalen Bedeutung von Sicherheit und Unsicherheit durchaus miteinander vereinbar. Sicherheit und/oder Unsicherheit bzw. Angst können sowohl auf eine objektive Gefahr als auch auf ein subjektives Angst- bzw. Unsicherheits*gefühl* zurückgehen, das unabhängig von einer konkreten Gefahr entstehen kann.

Die Subjektivität ihrer Unsicherheitsgefühle ist den Befragten teilweise durchaus bewusst, wie ein Vertreter der Ausländerbehörde verdeutlicht, der mögliche Probleme der Prostitution anhand eines persönlich formulierten, aber fiktiven Beispiels aufgreift: »Also ich muss für mich schon sagen, wenn ich jetzt im zweiten Stock oben oder über mir irgendeinen Puff drin hätte, dann wäre mein subjektives Sicherheitsgefühl auch ein wenig lädiert, ne?« (Experte K.) Als Hintergrund beschreibt er nicht etwa spezifische Gefahren, sondern eine mit der Prostitution verbundene unangenehme Störung seines Alltagslebens: »Wenn ich daran denke, dass ich dann abends mal durchs Haus gehe, und da rennen auf einmal fünf Männer hinter mir. Das stört schon!« (Ebd.) Auch wenn die Subjektivität der Gefühle, wie das Beispiel zeigt, durchaus bewusst werden kann, bilden sich Unsicherheiten und Ängste grundsätzlich aber in komplexen und meist unbewussten sozialen Prozessen heraus, in denen subjektive und objektive Faktoren eng miteinander in Beziehung gebracht werden, weshalb sich die *»Richtigkeit«* der erlebten Wahrnehmungen leicht infrage stellen lässt.

Für ein erweitertes Verständnis solcher Irritationen sind zwei weitere von Kaufmann herausgestellte Bedeutungskomplexe des Sicherheitsbegriffs hilfreich, die er zum einen als *»Gewissheit«* im Sinne des Ohne-Zweifel-Seins (lateinisch *certus*) und zum anderen mit *»Verlässlichkeit«* im Sinne von etwas »Haltgebendem, Festem, Zuverlässigem« beschreibt. Mit dem Hinweis auf die »Gewissheit« verdeutlicht Kaufmann, dass das Sicherheits- wie auch das Unsicherheitserleben immer mit einer Komponente des *Bewusstseins* verknüpft ist, nämlich mit dem Wissen um einen Sachverhalt, das als gesichert angenommen wird. Der Verweis auf die »Verlässlichkeit« macht darauf aufmerksam, dass ein Sicherheitsgefühl auch in engem Zusammenhang mit »Objekte[n] der Orientierung [steht], die gefahrlos sind« und »auf die man sich verlassen kann« (Kaufmann 1973, S. 148), womit unter anderem soziale Handlungs- und Beziehungsstrukturen in den Blick kommen, die als verlässlich bzw. nicht verlässlich wahrgenommen werden.

Im Allgemeinen bezieht sich der mit dem Begriff der Sicherheit gemeinte Sinn dabei auf eine Verknüpfung aller vier Bedeutungskomplexe. Gefühle von Sicherheit und Unsicherheit werden als ganzheitliche Gefühle erlebt, ohne dass die verschiedenen Komponenten dabei bewusst werden. Soziale Prozesse der Konstruktion und Konstitution von Sicherheit und/oder Unsicherheit und Angst bleiben damit nicht nur oft unbewusst, sondern auch mehrdeutig. Übereinstimmungen von subjektiven (Un-)Sicherheitsgefühlen und objektiven Gefahreneinschätzungen sind hier keineswegs selbstverständlich, sondern ergeben sich nur, wenn die Wahrnehmung der Gefahr bzw. der »Gefahrlosigkeit richtig ist, d. h. auf das wahrgenommene Bild der Außenwelt Verlaß ist und die Wahrnehmungsverarbeitung dem Kriterium der ›richtigen Erkenntnis‹, der Gewißheit, genügt« (ebd., S. 149).

Über eine Erweiterung subjektiver und objektiver (Un-)Sicherheiten um die beiden anderen von Kaufmann herausgearbeiteten Bedeutungskomplexe kommen damit Wahrnehmung und Wahrnehmungsverarbeitung als zentrale Faktoren in den Blick, die aber – wie im obigen Zitat deutlich wird – stets hinsichtlich des »Kriteriums der ›richtigen Erkenntnis‹« zu hinterfragen sind. Ebenso wie ein subjektives Sicherheitsgefühl immer vor dem Hintergrund der *Wahrnehmung* einer Abwesenheit von Gefahren entsteht, ist auch umgekehrt für Ängste und Unsicherheiten – hier im Feld der Prostitution – davon auszugehen, dass diese vor dem Hintergrund der *Wahrnehmung* von Gefahren zu analysieren sind.

6.3 Wissensstandards zwischen Tabu und Stigma

Niklas Luhmann löst die zwischen subjektiven und objektiven (Un-)Sicherheiten bestehenden Diskrepanzen auf, indem er den Begriff der »Erwartungssicherheit« in die Analyse sicherer und/oder unsicherer Situationen einführt. In den Blick kommen mit diesem Begriff nicht nur die als sicher oder unsicher empfundenen sozialen Situationen selbst, sondern auch spezifische *Erwartungs*strukturen, durch die eine strukturlose – und deshalb als unübersichtlich und unsicher wahrgenommene – Situation »durch ein Kombinationsspiel von relativ sicheren und relativ unsicheren positiven und negativen Erwartungen ersetzt« wird (Luhmann 1984, S. 417). Erwartungssicherheiten sind, mit Luhmann gesprochen, immer dann relevant, wenn (nicht handhabbare) Kontingenz in (handhabbare) Komplexität gewandelt wird: Sicherheit oder auch soziale Eindeutigkeit entstehen dadurch, dass aus einem breiten Spektrum denkbarer Möglichkeiten jeweils nur bestimmte Möglichkeiten als handlungsrelevant ausgewählt, andere hingegen als irrelevant ausgeblendet werden. Unsicherheiten und Ängste empfinden wir in Situationen, von denen wir *erwarten*, dass sie bedrohlich sind – eine Einschätzung, die oft weniger von konkreten Gefahren beeinflusst wird als zum Beispiel von allgemeinen Überzeugungen und Wertsetzungen. Sicherheitsprobleme beziehen sich damit »nicht länger auf deskriptiv unverrückbare und eindeutige, sondern auf normativ unterstellte, soziale Gewißheiten« (Bonß 1995, S. 91). Auch Luhmann unterstreicht damit ein als sicher und verlässlich angenommenes gesellschaftliches Wissen als einen wesentlichen Faktor der Konstruktion und Konstitution von (Un-)Sicherheiten.

Ängste und (Un-)Sicherheiten sind von Normen und Werten abhängig, die uns als normierte Deutungsmuster für soziale Situationen dienen. Auch für die untersuchten Orte der Prostitution dürfte es wesentlich sein, dass diese in ihrer sozial normierten Konstruktion und Konstitution »eingebettet [sind] in kulturelle Sinnsysteme« und damit auch »bestimmt [sind] von soziokulturellen Codes« (Vester 2000, S. 134). Die Wahrnehmung und Deutung von Gefühlen vollzieht sich auch im Feld der Prostitution vor dem Hintergrund »soziokulturell verfügbarer und geformter Schemata« (ebd.) – die als *verbreitetes* Wissen als ein *sicheres* Wissen gedeutet werden, ohne dass das »Kriterium der ›richtigen Erkenntnis‹« dabei überprüft wird bzw. überprüft werden kann.

Die Feststellung, dass Prostitution bis heute ein Gesellschaftsbereich geblieben ist, über den kaum gesichertes Wissen existiert (vgl. Kap. 2), gewinnt in diesem Zusammenhang eine besondere Bedeutung, denn allein schon die hieraus folgende *mangelnde Einschätzbarkeit des Feldes* kann schnell zu Angst- und Unsicherheitsgefühlen führen, wie ein Architekturstudent nach ersten Erkundungen im Bahnhofsviertel verdeutlicht: »Dann hatten wir da aber auch Angst, [...] denn das ist ja was Unbekanntes, das kennt man ja nicht ...«, beschreibt er sein Erleben vor Ort, um dann erklärend hinzuzufügen: »Man hat ja auch als 5-Jähriger wahrscheinlich Angst, das erste Mal Bus zu fahren.« (Architekturstudent A.1)

Wirkt schon das *Unwissen* über das Feld der Prostitution auf Außenstehende beängstigend und verunsichernd, so werden diese Gefühle durch ein verbreitetes, vor allem *durch Stigmatisierungen geprägtes Wissen* noch weiter verstärkt. Prostitution ist »abgewertet« (Gewerbetreibender A.) und »weit unten« (Freier I.), ein »Schmuddelmilieu« (Freier N.), das »automatisch [...] negativ« (Freier H.) oder auch »einfach negativ besetzt« ist (Polizist G.), wie Befragte innerhalb und außerhalb des Feldes nahezu einhellig feststellen. Angesprochen ist damit insbesondere die »*klassische* Rotlichtviertelprostitution«, die an besonders »bekannten« und auch besonders »stigmatisierten« Orten stattfindet (Experte T.), wie ein Callboy ausführt, der das Sexdienstleistungsgewerbe in Frankfurt seit Langem kennt.

Als ein verbreitetes und schon deshalb als gesichert angenommenes Wissen können solche Stigmatisierungen, mit Luhmann gesprochen, die Herausbildung »beängstigender« *Erwartungssicherheiten weiter forcieren*: Die verunsichernde Kontingenz des *unbekannten* Feldes kann so durch die Komplexität eines als *deviant stigmatisierten* sozialen Feldes ersetzt werden, dessen Wahrnehmung und Deutung nicht mehr offen ist, sondern mit relativer Sicherheit *als deviant erwartet* wird: Für das konkrete Erleben hat die auf diese Weise – im Sinne sozialer Eindeutigkeit – erreichte Sicherheit allerdings fatale Folgen. Denn sie geht mit dem *verunsichernden* Bewusstsein einher, dass man jederzeit damit rechnen muss, dass man in eine bedrohliche Situation kommen *könnte*.

Die mit der Stigmatisierung des Feldes verbundene *Erwartung prostitutionsspezifischer Gefahren und Unsicherheiten* wird durch die sozialräumliche Ausgestaltung des Feldes weiter verstärkt.

6.4 Unsichere Räume als Produkte und Produzenten gesellschaftlicher Wirklichkeiten

Die auffällige emotionale Aufladung der Räume der Prostitution mit Unsicherheiten und Ängsten rückt den Raum und seine Bedeutung für das Soziale weiter ins Zentrum des Interesses. Räumliche Gegebenheiten kommen dabei nicht nur als materielles Substrat, geografisches Territorium oder – mit Albert Einstein gesprochen – als Behälter oder »Container« des Sozialen in den Blick, sondern als explizite »Formen *gesellschaftlicher Strukturen*« (Löw 2001, S. 167; Herv. i. O.), die es in den Prozessen ihrer Konstruktion und Konstitution zu untersuchen gilt (vgl. Kapitel 4). Die Materialität des Raumes gerät dabei nicht aus dem Blickfeld, ihr sozialer Sinn erschließt sich aber erst in einem erweiterten analytischen Vorgehen, das auch symbolisch-kulturelle (Be-)Deutungen des Raumes, norm- und wertorientierte Vorgaben spezifischer Raumordnungen und auch raumgebundene Interaktions- und Handlungsstrukturen einbezieht. Als ein in diesem Sinne *sozialer Raum* ist der Stadtraum des Bahnhofsviertels nicht nur ein »geographischer Rahmen des Geschehens« (Langer 2003, S. 24), sondern auch ein aktiver Wirkfaktor des Sozialen: Einerseits Produkt spezifischer gesellschaftlicher Verhältnisse, ist er gleichzeitig und andererseits auch in entscheidender Weise an deren (Re-)Produktion beteiligt.

Deutlich wird dies zum Beispiel an der räumlichen »Abschottung« und der damit einhergehenden Uneinsehbarkeit des Feldes, die sich in Frankfurt am Main in den letzten drei Jahrzehnten nicht zuletzt im Zuge verschiedener (ordnungs)politischer Auseinandersetzungen um die Prostitution auch in materiell-physischer Hinsicht weiter verstärkt hat. Alle Formen der sogenannten professionellen Prostitution finden heute nahezu ausnahmslos in geschlossenen Häusern statt (vgl. Kapitel 5). Auch im Straßenraum des Bahnhofsviertels ist damit vom prostitutiven Geschehen heute wenig zu sehen, was in den geführten Gesprächen teilweise damit umschrieben wird, dass die Prostitution eine »gewisse Subtilität« habe, »da das nie zu sehen« sei (Architekturstudent A.2). Angeregt durch seine fachliche Ausbildung, thematisiert der hier zitierte Architekturstudent dabei deutlich »das Gefühl, dass das für den Stadtraum [...] eine Bedeutung hat, dass man das eigentliche Geschäft nie sieht« (ebd.). Diese Tatsache mache »den Stadtraum [...] irgendwie [...] anders«, stellt er fest, um seine Wahrnehmung dann noch etwas genauer anhand eines Vergleichs zu erläutern: »Das ist was anderes, als wenn hier lauter Restaurants wären, und da wird überall gegessen [...] und man sieht das.« (Ebd.) Das »hat irgendeine Wirkung«, ist er sich sicher, kann diese aber gleichzeitig »nicht so beschreiben« bzw. »nicht genau definieren« (ebd.), was auch damit zusammenhängen dürfte, dass es sich bei den hier aufgegriffenen räumlich-sozialen Wirkmechanismen um komplexe und oftmals eher unbewusste soziale Prozesse handelt, die für die Wahrnehmung des Prostitutionsgeschehens gleichwohl von zentraler Bedeutung sind.

Über die bereits angesprochene Verschlossenheit, Kontingenz und Stigmatisierung des Prostitutionsgeschehens – die allein schon zu vermehrten Unsicherheiten und Ängsten führen können – hinausgehend, hat die spezifische räumliche Situation im Bahnhofsviertel weitere Folgen, deren Hintergründe sich zunächst vielleicht an einem kurzen Disput des oben zitierten Studenten mit einem Studienkollegen verdeutlichen lassen. Beide hatten das Bahnhofsviertel gemeinsam erkundet, kamen aber hinsichtlich der zunächst konstatierten »Subtilität« des Geschehens zu unterschiedlichen und durchaus widersprüchlichen Ergebnissen. Während der eine die Prostitution – wie oben dargestellt – als subtil beschrieb, da man das Geschehen nicht sehe, stellte der andere ebenso überzeugt fest, dass die Prostitution im Viertel »nichts mit Subtilität zu tun« hätte, da gerade hier die Werbung für Sexdienstleistungen doch »sehr laut« sei (Architekturstudent A.1). »Hier springt dir der Sex entgegen«, beschreibt er sein Erleben und führt dazu weiter aus: »Klar, du siehst keinen Sex, aber du weißt die ganze Zeit, worum es geht.« (Ebd.)

Beschrieben wird hier ein für die Prostitution im Frankfurter Bahnhofsviertel heute sehr bedeutsames Wahrnehmungsphänomen: Da das Prostitutionsgeschehen selbst kaum noch im Straßenraum zu sehen ist, gewinnt seine *symbolische Repräsentation*, die vor allem über die sehr auffällige Außenwerbung sichergestellt wird, im Straßenraum an Bedeutung. Der im Disput verhandelte vermeintliche Widerspruch ist so kein Widerspruch im eigentlichen Sinn, sondern eine Ausdifferenzierung der (Außen-)Wahrnehmung der Prostitution, die heute vor allem von symbolischen Repräsentanzen bestimmt wird. Als ein »wichtiges Medium sozialer Kommunikation und Interaktion« (Klima 1988, S. 762) sichern diese, dass jeder Besucher und jede Besucherin des Viertels sofort »weiß, hinter jedem Fenster, da könnte jetzt Sex sein« (Architekturstudent A.2).

Über die räumliche Verbindung und Synthese vor Ort werden solche Repräsentationen, die das Quartier deutlich als ein Rotlichtviertel markieren, aber auch mit den oben skizzierten belasteten und belastenden Gegebenheiten verknüpft, was die (emotionale) Wahrnehmung des Quartiers und der hier repräsentierten Prostitution stark beeinflusst. Im Alltagserleben bewirkt vor allem die (räumliche) Verbindung zur Müll- und Drogenproblematik, dass hier überwiegend ein *»problematischer* Rotlichtbezirk« wahrgenommen wird. Eine nahezu unumstößliche Negativwahrnehmung des Prostitutionsgeschehens im Bahnhofsviertel sei »in den Köpfen verankert« (Bordellbetreiber O.), und es werde »Jahre dauern, bis das wieder draußen ist«, ist sich zum Beispiel ein Bordellbetreiber sicher.

Gerade die räumliche und das heißt vor allem auch materiell-physische Verankerung der Probleme im Viertel, die damit einhergeht, dass diese nicht nur zu *sehen*, sondern auch zu *riechen* und im Zweifelsfall sogar zu *fühlen* sind, dürfte solche Wirkungen weiter verstärken, da sie die »Devianz« des Viertels körperlich erlebbar macht, wodurch Gefühle von Angst und Unsicherheit eine physische Objektivierung und Plausibilisierung erfahren. Steht das Frankfurter Bahnhofsviertel damit in vielfältiger und als plausibel erlebter Weise für »großstädtisches Übel« (Beste 2000, S. 248), das in breiter Form verunsichernd wirkt, so werden »Erwartungssicherheiten« im Hinblick auf die Prostitution hier zudem dadurch gefestigt, dass Vorannahmen – aufgrund der Unsichtbarkeit des Geschehens selbst – nur selten überprüft werden können. Besucher/-innen erinnern sich nach Meinung von Befragten aus dem Feld selbst so zum Beispiel kaum an etwas Positives wie zum Beispiel die »Bauarbeiten für einen schönen Puff« (Bordellbetreiber O.) – von denen uns teilweise stolz berichtet wurde –, sondern weit eher daran, dass man im Viertel »vom ›Zombie‹ fast angemacht wurde« (ebd.), wie der oben zitierte Bordellbetreiber in ironischer Anspielung auf unangenehme Erlebnisse mit Drogenabhängigen die (Außen-)Wahrnehmung des Bahnhofsquartiers weiter beschreibt. Mit der Prostitution verknüpfte Unsicherheiten und Ängste vermitteln sich hier nicht nur, indem Menschen sie verbal »kommunizieren« (Flam 2002, S. 12), sondern auch, indem der Raum als ein im Handeln hergestellter und das Handeln aber auch beeinflussender *sozialer Raum* zu uns spricht.

Als *Produkt* sozialer Gegebenheiten sind unsichere und beängstigende Räume der Prostitution damit auch *Produzenten* sozialer Wirklichkeiten, womit die mit der Wahrnehmung von Räumen auch verbundenen Handlungsfolgen angesprochen sind. Wie Emotionen allgemein stellen Unsicherheiten und Ängste eine starke »innere Energie [dar], die uns zum Handeln antreibt« (Illouz 2006, S. 9 f.) und das heißt in diesem Fall, in der Regel mehr oder weniger direkte Meidungs- oder auch »Fluchttendenzen« hervorruft (Schützeichel 2006, S. 17).

Ich »trau mich nicht« (Polizist G.), es gibt »persönliche

Hemmschwellen« (Architekturstudent A.2), Kundinnen wollen aus Sicherheitsgründen »vom Bahnhof abgeholt« werden (Anwohnerin A.), hörten wir so oder ähnlich immer wieder. Solche auch in anderen Kontexten mit Ängsten und Unsicherheiten oft verbundenen Handlungsimpulse stabilisieren hier immer wieder eine weitgehende Distanz zum Feld. Konkret festigen sie damit vor allem die Trennung zwischen (bürgerlichem) Normalalltag und prostitutivem Feld, die eine vertiefte Auseinandersetzung mit der Prostitution insbesondere für sogenannte »solide« Personen sehr effektiv verhindert. Weitgehend unabhängig von konkreten Gegebenheiten und damit auch unabhängig von möglicherweise gegebenen prostitutionsspezifischen Gefahren tragen Ängste und Unsicherheiten so wesentlich dazu bei, dass sowohl Orte der Prostitution als auch die hier aktiven Personen weiterhin ausgegrenzt bleiben und ihren als deviant stigmatisierten Außenseiterstatus kaum überwinden können. Auf die grundsätzliche Stabilität eines solchen Status, der von den Außenseitern selbst nur schwer außer Kraft zu setzen ist, haben Norbert Elias und John L. Scotson in ihrer Modellanalyse eines Etablierten-Außenseiter-Verhältnisses hingewiesen.

6.5 Emotionalisierte Raumstrukturen und die soziale Konstruktion eines (etablierten) Außenseiterfeldes

Mit ihrer Studie *Etablierte und Außenseiter* machen Elias und Scotson (1993) auf eine in sozialen Zusammenhängen verbreitete Machtkonstellation aufmerksam. Sie verdeutlichen, dass gesellschaftliche Etablierten- und Außenseiterpositionen keineswegs (nur) auf zum Beispiel ökonomische Unterschiede zurückgehen müssen und auch nicht (nur) aus »der monopolistischen Verfügung über nicht-menschliche Objekte wie Waffen oder Produktionsmittel« (ebd., S. 11) heraus zu erklären sind, sondern dass diese vielmehr sehr direkt aus der Dynamik zwischenmenschlicher Verflechtungs- und Machtbeziehungen entstehen. In der Analyse des Feldes der Prostitution zeigt sich dabei deutlich, dass sich solche Verflechtungs- und Machtbeziehungen auch in räumlich-sozialen Arrangements äußern können und solcherart räumliche Arrangements umgekehrt auch zur Herausbildung spezifischer Verflechtungs- und auch Machtkonstellationen beitragen: Raumgebundene Ängste und Unsicherheiten konservieren eine Stigmatisierung und Ausgrenzung der Prostitution bis in die heutige Zeit.

Die sich auf diese Weise herausbildende Etablierten-Außenseiter-Figuration, wie sie von Elias und Scotson beschrieben wird, in der eine Gruppe (hier die »soliden« Bürger/-innen) eine andere (hier die Akteur/-innen im Feld der Prostitution) über räumlich-emotionale (Zu-)Ordnungen in ihre Schranken verweist und damit »von Macht- und Statuschancen ausschließt« (ebd., S. 305), scheint in der Auseinandersetzung mit dem Feld der Prostitution allerdings keineswegs in eindeutiger Weise gegeben zu sein.

Die geführten Gespräche zeigen vielmehr, dass die immer wieder thematisierte Zurückhaltung gegenüber der Prostitution geschlechtsspezifische Unterschiede aufweist: Unsicherheiten und Ängste scheinen sich auf der Verhaltensebene vor allem bei Frauen auszuwirken. Zwar beschreiben auch Männer in der Auseinandersetzung mit der Prostitution im Bahnhofsviertel vor dem Hintergrund eigener Ängste und Unsicherheiten immer wieder einen Impuls zur Meidung des Geschehens. Im Kontext der Erzählungen männlicher Befragter wird aber auch deutlich, dass diese weit eher dazu neigen, ihren (oft ebenfalls angstbesetzten) Aufenthalt im Feld als eine »Mutprobe« (Architekturstudent A.1) bzw. als eine *Herausforderung* zu deuten, in deren Kontext unbekanntes Terrain »erobert« wird.

Hinzu kommt bei Männern und insbesondere bei Freiern, die sich öfter im Feld bewegen, dass die hemmenden Wirkungen von Unsicherheiten und Ängsten durch die als positiv erlebten »Reize« des Feldes aufgehoben werden können, wodurch die mit der Verunsicherung einhergehenden Hürden gegenüber der Prostitution für Männer überwindbar werden.

Bei Frauen – sofern es sich nicht um Prostituierte handelt – scheinen Unsicherheiten und Ängste dagegen weit eher zu einer umfassenden Meidung des Geschehens zu führen. Während Männer häufig die Haltung einnehmen: »Man ist ja kein Schisser« (Freier K.), oder auch: Man kann sich »zur Wehr setzen« (Freier D.), führen Unsicherheiten und Ängste bei Frauen oftmals dazu, dass diese gar »nicht mehr durch das Bahnhofsviertel gehen, weil [...] sie einfach Angst haben« (Polizist G.). Die Ausgrenzung des Feldes der Prostitution bzw. die hier sich abzeichnende Etablierten-Außenseiter-Konfiguration scheint damit in ihren Grundzügen (geschlechtsspezifisch) gebrochen zu sein: Charakterisiert ist sie nicht nur durch eine Ausgrenzung von im Feld der Prostitution aktiven Personen aus dem (bürgerlichen) Normalalltag, sondern vor allem auch durch eine (Selbst-)Ausgrenzung sogenannter »solider« Frauen aus dem Feld der Prostitution, die in der Forschung bisher wenig Beachtung gefunden hat.

7. Kein Gefühl? Emotionen in der Prostitution

Eines der auffälligsten Diskursmuster rund um die Prostitution – das bis heute jedoch kaum systematisch analysiert wurde – ist die immer wieder sehr grundsätzlich vertretene Trennung prostitutiver Sexualität von Gefühlen, insbesondere vom Gefühl der Liebe.[42] »Das ist rein sexuell hier« (Freier D.) oder »Das ist ja auch ein isoliertes Vergnügen. Das hat ja nichts mit Liebe und Gefühl zu tun« (Freier N.), »Da geht es ja nur um das Eine, und das ist völlig abgetrennt, völlig klar abgetrennt von dieser Gefühlswelt« (Freier H.) oder auch »Das ist meine ganz klare Aussage, das hat alles nichts mit Gefühl zu tun« (Freier M.), stellten Freier in den Interviews immer wieder deutlich heraus. Eine solche Einschätzung bestätigten in den Gesprächen auch Prostituierte, Wohnungs- und Bordellbetreibende, Mitarbeiter und Mitarbeiterinnen von Beratungsstellen sowie Befragte ohne eigene Prostitutionserfahrungen – hier allerdings eher vage bzw. als Annahme formuliert. So führt ein Gewerbetreibender aus dem Bahnhofsviertel, der selbst noch nie in einem Bordell war, beispielsweise aus: Das »unterstelle ich einfach mal diesen Leuten, [...] einfach irgendwie, also ich

42 Im scharfen Kontrast dazu stehen in der Populärkultur verbreitete romantisierende Beschreibungen (man denke nur an den Song *Roxanne* von The Police oder Billy Wilders Film *Das Mädchen Irma la Douce*), die in der Regel auf die Herauslösung oder auch Errettung von Frauen aus der Prostitution zielen.

weiß nicht, vielleicht [dass die] emotionsloser sind oder keine Ahnung, [...] wenn die Lust haben wollen [und/...] in den Puff« gehen (Anwohner B.).

Mit diesen Beschreibungen grenzen die Befragten die prostitutive Sexualität von partnerschaftlichen Beziehungsformen ab, in denen Gefühlen eine zentrale Bedeutung zugeschrieben wird: »Also, man lernt ganz einfach in dieser Branche, dass es doch zwei verschiedene Dinge gibt im Leben. Und das ist Sex und Liebe. [...] Hier [in der Prostitution] ist der Sex und da [in der Partnerschaft] ist die Liebe«, wie die Betreiberin eines Wellness-Studios den Unterschied festhält (Wohnungsbetreiberin E.).

Vor dem Hintergrund eigener Erfahrungen bringen viele Befragte Partnerschaften zwar auch immer wieder mit Begriffen wie Gewöhnung, Langeweile, Alltäglichkeit, Stress usw. in Verbindung oder ironisieren sie als »Friede, Freude, Eierkuchen bis zum Rest der Tage« (Freier H.). In der Abgrenzung zur Prostitution werden partnerschaftliche (Sexual-)Beziehungen jedoch meist als ein emotionaler bzw. affektueller Gegenpol beschrieben: »Bei einer Freundin gibt's Leidenschaft [...], da schreit man ›Ich liebe dich‹ und ich weiß nicht was. [...] Hier [in der Prostitution] sagt man bestimmt nicht ›Ich liebe dich‹« (Freier J.2), erklärt ein Freier den Unterschied. Für einen anderen ist die Prostitution »in einer gewissen Weise, wenn man den reinen Trieb sieht, [...] okay«, aber man dürfe auch »nicht so viel erwarten davon. Rein von der menschlichen Ebene her ist das ja nun absolut nicht vergleichbar mit einer Ehe« (Freier H.).

Die eheliche bzw. partnerschaftliche Sexualität ist für viele Freier eng mit einer – positiv bewerteten – »emotionalen Bindung« (Freier F.) bzw. mit einer über einen kurzfristigen Körperkontakt hinausgehenden auch gefühlsmäßigen Nähe verknüpft: »Wenn man eine Freundin hat, dann kann man bei ihr übernachten«, stellt zum Beispiel ein Freier fest, »und [das] fühlt sich besser an« (Freier J.1). Selbst Freier, die die »unkomplizierte« Sexualität in der Prostitution sehr schätzen, bewerten diese in Abgrenzung zur partnerschaftlichen Sexualität auch ausgesprochen kritisch, da hier »kein Gefühl dabei« sei (Freier M.)

Solche Aussagen markieren eine immer wieder betonte Grenze zwischen zwei »Welten« (Prostituierte I.), deren eine, die Partnerschaft, als im positiven Sinne emotional bestimmte aufgegriffen wird, während die andere, die Prostitution, als eine emotional reduzierte beschrieben wird. Gefühle, deren grundlegende Bedeutung in Verbindung mit Räumen der Prostitution wir bereits am Beispiel von Ängsten und Unsicherheiten verdeutlicht haben (Kapitel 6), kommen damit auch in positiv konnotierten Formen in den Blick – wenn auch zunächst als dezidierte Negation und als ein Unterscheidungsmerkmal zu partnerschaftlichen Beziehungsformen. In der Auseinandersetzung mit dem prostitutiven Feld spielen Gefühle und Emotionen also durchaus eine bedeutsame Rolle, in Analysen zur Thematik wurden sie bisher jedoch kaum beachtet.

7.1 Emotionen als soziale Konstruktionen

In den Sozialwissenschaften wurden Gefühle lange Zeit auch ganz allgemein eher vernachlässigt. Wissenschaft und Alltagsverständnis bieten so bis heute zwar zahlreiche, aber auch sehr unterschiedliche Definitionen und Klassifikationssysteme an (z. B. Vester 2000, S. 133; Flam 2002, S. 11 ff.). Grundsätzlich lassen sich Emotionen bzw. Gefühle als eine »allgemeine Bezeichnung für die affektive Seite des Erlebens, d. h. für die mehr oder weniger intensiven Erfahrungen von Lust oder Unlust in Bezug auf die Erlebnisinhalte (Wahrnehmungen, Vorstellungen usw.)« beschreiben,[43] denen in der Regel »körperliche Reaktionen (Erregung–Beruhigung, Spannung–Entspannung) entsprechen« (Rammstedt 1988, S. 255). Häufig werden dabei die Begriffe Emotion, Gefühl und Affekt synonym verwandt, wobei der Begriff des Affektes im Allgemeinen für eher kurzfristige und intensive Gefühlsbewegungen benutzt wird (ebd.). Sozialwissenschaftliche Theorien gehen heute in der Regel davon aus, dass sich Emotionen aus mehreren Komponenten zusammensetzen. Nach Schützeichel bestehen sie »(mindestens) aus physiologischen und kognitiven Ansätzen wie aus solchen des Ausdrucks und des subjektiven Fühlens« (ders. 2006, S. 14). Auch wenn Emotionen durch ihren körperlichen Ausdruck oftmals als besonders authentisch und/oder »natürlich« – und damit als unabhängig von sozialen Gegebenheiten – wahrgenommen werden, lassen sie sich sowohl historisch als auch im kulturellen Vergleich durchaus als soziale Konstruktionen nachweisen. Selbst in ihren unmittelbar erscheinenden körperlichen Ausdrucksweisen können Gefühle »als ›sozial determiniert‹ oder ›konstruiert‹ angesehen werden« und damit als bestimmt von soziokulturellen Codes (Vester 2000, S. 134). So weist etwa Norbert Elias darauf hin, dass sich im Prozess der Zivilisation das »Schamempfinden, das die sexuellen Beziehungen der Menschen umgibt, [...] beträchtlich verstärkt und verändert« hat (Elias 1997, S. 324).[44]

Konkret bedeutet dies, dass sich »die Wahrnehmung und Deutung von emotionalen Erlebnissen und Erfahrungen [...] vor dem Hintergrund soziokulturell verfügbarer und geformter Schemata« vollzieht und dass Emotionen demnach auch

43 Wesentliche Beispiele für Gefühle sind der einschlägigen Fachliteratur entsprechend: »Ärger, Furcht, Ekel, Freude, Liebe usw.« (Rammstedt 1988, S. 255), »›Ekel‹ oder ›Liebe‹ oder ›Angst‹« (Schützeichel 2006, S. 12) oder auch »Liebe, Hass, Neid, Eifersucht, Dankbarkeit, Treue« (Flam 2002, S. 11), wie Helena Flam in Anlehnung an Georg Simmel z. B. aufzählt.

44 Vgl. zu Emotionen in diesem Kontext grundlegend auch Hammer 2000.

als »sozial normiert« angesehen werden müssen (Vester 2000, S. 134). Als normative Setzungen werden sie »sozial kontrolliert, [d. h.,] für gezeigten oder unterlassenen Ausdruck von Emotionen bestehen in einer sozialen Situation, in einer Gruppe, Gesellschaft oder Kultur bestimmte positive und/oder negative Sanktionen« (ebd.).

Das insbesondere soziologisch »Spannende an Emotionen ist, dass wir sie konstruieren, kommunizieren und körperlich spüren, [...] dass sie uns überwältigen, uns preisgeben, uns paralysieren usw.« (Flam 2002, S. 12). Emotionen kommt damit nicht nur auf der individuellen Ebene eine »Signalfunktion« zu, sie informieren nicht nur »darüber, ob man in Gefahr ist, ob eine Begegnung mit anderen einem schlecht oder gut tut oder ob man durch die Interaktion Macht und Prestige gewonnen oder verloren hat« (Flam 2002, S. 11), sondern ihnen kann auch auf überindividueller, sozialstruktureller Ebene eine Signal- bzw. Anzeige-Funktion zugesprochen werden. Sie informieren über grundlegende Wahrnehmungs- und Konstruktionsweisen positiv bzw. negativ besetzter sozialer Felder – über allgemeine Gefahrenszenarien ebenso wie über prestigeträchtige Milieus beispielsweise – und können so einen geeigneten Zugang gerade zu sperrigen und von stereotypen Wahrnehmungsmustern stark beeinflussten Forschungsfeldern wie dem der Prostitution bieten.

7.2 Vielfalt und Ambivalenz von Gefühlen in der Prostitution

Sowohl Interviews als auch teilnehmende Beobachtungen verweisen deutlich auf eine Fülle an Gefühlen, die das Feld der Prostitution wesentlich und auch spannungsgeladen kennzeichnen, die die Beteiligten selbst aber auch oft nur schwer erklären können. So stellt zum Beispiel ein Polizist, der fünf Jahre im Bahnhofsgebiet gearbeitet hat, in Bezug auf die in Kapitel 6 bereits aufgegriffenen Ängste und Unsicherheiten nahezu erstaunt fest:

> »Aber ich denk mal, so 'ne alltägliche Form des Umgangs mit der Prostitution, die einfach als Bestandteil des Lebens zu sehen, vielleicht des Menschenlebens oder wie auch immer, ich glaub, das hab ich auch in den fünf Jahren nicht geschafft. [...] Ich glaub, das war für mich immer noch irgendwie etwas Fremdes, Angstbesetztes in irgendeiner Form.« (Polizist G.)

Ein Bordellbetreiber, der sehr direkt auch die Körperlichkeit der emotionalen Regung als ein Erkennungsmerkmal aufgreift, stellt fest, dass es kaum Situationen gebe, in denen man mal »Leute am Tisch sitzen hat, die nicht rot werden, wenn man von Prostitution redet«, und meint damit »speziell Männer jetzt, ja, dass die sich ertappt fühlen, dass sie schon mal bei einer Frau waren« (Bordellbetreiber O.). Auch in anderen Interviews ist die Gefahr des Ertapptwerdens ein wesentlicher Hintergrund spezifischer Ängste, etwa wenn ein Anwohner sich fragt, ob die Männer, die »in den Puff« gehen, nicht Angst haben, »irgendwie von anderen gesehen zu werden« (Anwohner B.).

Wie sich an diesem Punkt andeutet, sind die hier sichtbar werdenden Ängste und Unsicherheiten oftmals verknüpft mit Gefühlen von Scham und Peinlichkeit, die sich auf ein Gesehen-Werden bzw. ein Öffentlich-Werden des Agierens im prostitutiven Feld beziehen:

> »Es ist irgendwie immer die Angst mit dabei natürlich, dass einen jemand sieht. [...] Nee, eigentlich dass man einen Bekannten trifft. Ich meine, das muss nicht peinlich

sein, weil es dem anderen wahrscheinlich genauso peinlich ist. Aber dass irgendwie einer sieht, wenn man reingeht oder man rauskommt. Dass man hier drin einem Kollegen über den Weg läuft« (Freier N.),

wie es ein Freier beschreibt. Ein anderer führt dazu aus, dass vor allem

> »wenn du rauskommst [aus der Zimmertür] und, man will ja auch nicht so gerne gesehen werden, [...] wenn man grad rauskommt. Wenn man davor steht und ein bisschen Schwätzchen hält, ist das ja wurscht. Aber beim Rauskommen, das ist halt immer so eine Sache. [...] Weil man sofort weiß: Aha, der hat grade ...« (Freier K.)

Auch für Prostituierte sind Gefühle von Scham und Peinlichkeit ein starker Hinderungsgrund, sich in der Öffentlichkeit zu »outen«, wie eine Mitarbeiterin der Beratungsstelle des Gesundheitsamtes feststellt. Aus diesem Grund sei auch die Hemmschwelle relativ hoch, eine Gesundheitsberatung nachzufragen.

Wesentlich, weil oft mit heftigen (körperlichen) Reaktionen einhergehend, ist daneben auch das Gefühl des Ekels, das im Zusammenhang mit der Sexarbeit teilweise angesprochen wird. So berichtet eine Prostituierte zum Beispiel über ihre Erwartungen vor dem Besuch eines bestimmten Freiers: »Wenn ich schon am Vortag wusste, morgen kommt der: ›Oh neeee!‹, habe ich mir dann schon gedacht. Das war schlimm!«, und in Bezug auf einen anderen: »Da war mal einer gewesen, der hat Quaddeln gehabt, der war irgendwie von [einer großen] Bank, auch so ein hoher Angestellter. Und der wollte dann bei uns als Sklave sein.« Und »immer ganz eklig« findet sie, wenn die Freier »nachher kommen und anfangen wollen zu küssen oder so«

(Prostituierte I.). Mit ähnlicher Gefühlsaufladung beschreibt auch ein Freier die Wahrnehmung eines anderen Freiers in einem Sauna-Club, die ihm sehr unangenehm war, »weil dieser Mann so alt und eklig« gewesen sei (Freier L.).

Sowohl Prostituierte als auch Freier beschreiben aber vor allem den Spaß und die Zufriedenheit (mit der Arbeit bzw. dem Sex) als einen bedeutenden Aspekt des Geschehens. So wird zum Beispiel von (durchaus auch wechselseitigen) Sympathiegefühlen berichtet, die schon bei der Geschäftsanbahnung eine wesentliche Rolle spielen. Da sei »eine Thailänderin [...] auf ihn zugekommen. Die fand ihn wohl sympathisch, und das ist er ja auch« (Freier I.), berichtet etwa ein Freier über ein Erlebnis eines Freundes im Bordell. Er selbst sei »mal nah dran« gewesen, sich »mit einer Thailänderin [...] wirklich zu befreunden« (ebd.). Eine Prostituierte beschreibt Freier, die »ganz, ganz angenehm« und »total süß, echt«, seien (Prostituierte I.). Zwar könne für sie daraus »nie Liebe werden«, wie sie dezidiert feststellt, aber sie »mag sie [die Freier] sehr«, da dies »einfach Menschen auch mit Herz« seien (ebd.). Aus solchen als angenehm empfundenen Begegnungen können langjährige und auch emotional konnotierte Beziehungen entstehen: Da hat sich »schon so eine richtige Freundschaft, hat sich da entwickelt«, berichtet Frau I. über einen der von ihr besonders geschätzten Freier. Und eine ehemalige Prostituierte berichtet davon, dass sie für manche Freier, die »dann immer regelmäßig [kamen], manche vielleicht einmal die Woche oder wie sie es sich halt leisten konnten«, sogar teilweise »dann quasi so ihre Beziehung« gewesen sei (Prostituierte D.).

Selbst die Liebe scheint in der persönlichen Auseinandersetzung mit der Prostitution keineswegs so fern zu sein, wie die allgemein gehaltenen Statements der klaren Trennung von Prostitution und Liebe zunächst vermuten lassen.

»Früher hatte ich einen Freund, mit dem ich dann auch in die Clubs gegangen bin und so. Bei dem war das oftmals so, der hatte jedes Quartal irgendeine Frau, in die er sich dann verliebt hat. Ja? Oder ich habe andere Männer kennengelernt. Freunde, die dann auch eine Freundin hatten und dann Wohnung ausgestattet und dies und jenes« (Freier M.),

so beschreibt ein Freier seine konkreten Erfahrungen mit der Liebe im Milieu. Und die befragte ehemalige Prostituierte erzählt:

»Also, wenn du in der Prostitution arbeitest, gut, da hast du halt dann immer so körperlichen Kontakt mit vielen verschiedenen Männern, wenn du Glück hast, wenn du Glück hast und gut verdienst. Und es kann auch sein, dass man da so eine emotionale Nähe halt dann auch sucht zu jemandem. Gerade weil du da halt so viele körperliche Kontakte hast, wenn dann halt viele so nah an deinen Körper kommen. Und dass du dann eigentlich auch was für deine Seele suchst. Und da vielleicht so ein bisschen bedürftig wirst. [...] Also ich habe dann irgendwann mal einen Freier kennengelernt, der kam dann öfter mal, und wir haben uns angenähert und wir wurden ein festes Paar.« (Prostituierte D.)

Schon die wenigen hier ausgewählten Beispiele machen deutlich, dass Prostitution keineswegs einfach nur »Sex gegen Geld« ist, wie Definitionsversuche in Anlehnung an die verbreitete Annahme der Emotionslosigkeit immer wieder nahelegen. Die erweiterte, an Gefühlen orientierte Analyse verweist hier vielmehr auf eine in vielfältiger Weise emotionalisierte Sexualität gegen Geld.

7.3 Ein stigmatisiertes Feld

Die beiden unterschiedlichen Welten der prostitutiven und der partnerschaftlichen Sexualität – charakterisiert und voneinander abgegrenzt durch Ab- bzw. Anwesenheit von Liebe und Gefühl – werden in den Gesprächen immer wieder sehr deutlich. Die Befragten beschreiben einerseits die Welt des »Normalen«, die sie als von der (bürgerlichen) Gesellschaft anerkannt wahrnehmen, und andererseits die als »anders« und abgewertet wahrgenommene Welt der Prostitution: »Für die da draußen [.../sind] wir unnormal [...], für die sind wir immer noch Abschaum«, bringt eine Wohnungsbetreiberin den Unterschied auf den Punkt. »Wir sind immer noch die schlechte Kategorie.« (Wohnungsbetreiberin E.)

Eine solche Abwertung des prostitutiven Geschehens hing lange Zeit auch damit zusammen, dass Prostitution vor dem Gesetz als eine »sitten- und sozialwidrige« Tätigkeit eingestuft wurde (vgl. v. Galen 2004, S. 2) – eine juristische Festsetzung mit nicht nur stigmatisierenden, sondern auch kriminalisierenden Wirkungen. So war bis zum Inkrafttreten des Prostitutionsgesetzes (ProstG; vgl. Absatz 2.2) im Jahr 2002 beispielsweise jegliches Management der Prostitution, das über die reine Zimmervermietung hinausging, strafbar (ebd.).

Auch wenn das Prostitutionsgesetz in diesem Zusammenhang allgemein als wichtiger Schritt in die richtige Richtung angesehen wird – immerhin hat die neue Gesetzgebung der Prostitution durchaus »zu einem Status der rechtlichen Anerkennung verholfen« (v. Galen 2004, S. 195) –, so besteht unter Fachleuten weiterhin Einigkeit darüber: »[E]in richtiger Beruf ist die Prostitution noch lange nicht geworden.« (Feige 2003, S. 37) Und ein solches Ziel ist von politischer Seite selbst mit dem neuen Prostitutionsgesetz auch keineswegs intendiert. Trotz weitgehender Legalisierung ist das Feld der Prostitution so auch nach Meinung der meisten hier Befragten bis heute ein ausgegrenzter und wenig anerkannter Bereich des Sozialen geblieben. Veränderungen werden allenfalls in Teilbereichen wahrgenommen: So sei etwa die Prostitution »mittlerweile in Gewerbegebieten [...] normal« und »nicht mehr so verwerflich« (Freier F.), wie ein Freier feststellt.

Für Menschen, die nach außen sichtbar mit der Prostitution in Verbindung gebracht werden, ist die Stigmatisierung äußerst unangenehm und mit persönlichen und als kaum veränderbar wahrgenommenen Konsequenzen verbunden: »Es ist halt wirklich immer so, dass [...] die Menschen [...], sage ich mal jetzt, den Beruf als schlecht ansehen, ohne zu wissen, welche Person das überhaupt ist. [...] Die gehen halt einfach davon aus, das ist ein schlechter Mensch, weil die da so was macht« (Prostituierte I.), stellt eine Prostituierte im Interview fest, und die Betreiberin eines Appartements berichtet von Erlebnissen aus ihrem Alltag: »Ich sage mal, die Leute gucken immer noch so. [...] Ja, viele Leute sind halt offiziell schon negativ [der Prostitution gegenüber] eingestellt. Ja!« (Wohnungsbetreiberin E.) Besonders drastisch schildert die Betreiberin eines größeren Bordells ihre Diskriminierungserfahrungen: »Wenn Sie zum Gericht gehen und Sie sind Bordellbetreiber, das ist schlimmer in Deutschland angesehen, als wenn Sie ein ›Kinderficker‹ wären. Ich sage es jetzt mal so, wie es ist.« (Betreiberin Q.)

Die befragten Freier sind – wie auch Befragte, die sich nicht aktiv im Feld der Prostitution bewegen – in ihren Antworten meist weniger spontan und weit eher darum bemüht, die negative gesellschaftliche Wertschätzung der Prostitution etwas vorsichtiger auszudrücken oder sich zumindest selbst explizit von einer negativen Bewertung zu distanzieren. Grundsätzlich unterscheiden sich ihre Einschätzungen aber kaum von denjenigen der Prostituierten und Bordellbetreibenden: »Wenn ich so darüber nachdenke: Prostitution ist weit unten«, beschreibt ein Freier nach kurzem Zögern die Bewertung des Feldes und betont in diesem Zusammenhang, dass er hier eine »Wahrnehmung« schildere, ohne selbst »jetzt damit gleich eine Diskriminierung dieser Frauen als Frauen zu verbinden« (Freier I.). In ähnlicher Weise betont auch ein anderer Freier: »Ich möchte das jetzt nicht abwerten. [...] Das ›Ins-Bordell-Gehen‹, ich sehe das gar nicht so negativ. [.../Aber] viele, viele verbinden das ›Ins-Bordell-Gehen‹ automatisch mit negativ.« (Freier H.)

Grundsätzlich gilt Prostitution bis in die heutige Zeit als »rufschädigend« bzw. mit einem »Stigma« (Anwohner B.) behaftet. Das bestätigen Personen ohne jede Prostitutionserfahrung ebenso wie auch Befragte mit langjähriger Felderfahrung: »Wenn ein Mädel sagt, dass sie anschaffen geht oder aus dem Gewerbe kommt, dann hat sie eigentlich den Stempel hintendrauf. Da kann sie machen, was sie will. Das ist so!« (Wohnungsbetreiberin E.). Das als kaum veränderbar wahrgenommene stigmatisierte Ansehen der Prostitution allgemein und auch der hier aktiven Menschen ist dabei mit der (negativen) emotionalen Aufladung des Feldes, wie sie am Beispiel der Räume der Prostitution bereits aufgegriffen wurde (vgl. Kapitel 6), eng verknüpft.

7.4 Prostitution und Emotion, eine belastete und belastende Verbindung

Neben Ängsten um Leib und Leben werden in den Interviews auch immer wieder Unsicherheiten und Ängste in Bezug auf einen *öffentlichen Umgang mit der Prostitution* angesprochen, die vor dem Hintergrund der beschriebenen Stigmatisierungen entstehen. Sowohl für Freier als auch für Befragte ohne Prostitutionserfahrungen ist zum Beispiel allein schon »die Vorstellung, dass man gesehen wird«, wenn man »gerade in einen

Puff geht« (Anwohner B.), sehr unangenehm und angstbesetzt. Denn man geht dabei an »einen Ort, der in der Gesellschaft irgendwie, [...] also ich weiß nicht. [...] Auf alle Fälle wirst du, wenn du gesehen wirst, spricht man über dich anders, als wenn man dich sieht, wenn du in die Oper gehst« (ebd.), wie der Leiter eines Grafikdesignbüros im Bahnhofsviertel ausführt. Obwohl er die Prostitution grundsätzlich »relativ wertneutral« betrachtet und »auch noch nicht einmal unangenehme Erfahrungen gemacht« hat, sondern »im Gegenteil [.../eine] gute Nachbarschaft« (ebd.) erlebt, möchte er öffentlich nicht mit dem Feld in Verbindung gebracht werden: »Wenn ich mir [...] vorstelle, ich gehe hier so nach gegenüber [ins Bordell] und treffe dann da im dritten Stock irgendwie den Kommunikationschef von der Firma X., das stelle ich mir [...] merkwürdig vor.« (Ebd.)

In kritischer Selbstreflexion sieht er sich hier durchaus in einer »Falle der Konventionen« (ebd.), aus der es seiner Ansicht nach jedoch kein Entrinnen gibt. Er versucht, das an dem für ihn kaum vorstellbaren und mit Ironie in der Stimme vorgetragenen fiktiven Beispiel zu verdeutlichen, seine Tochter könnte als Prostituierte arbeiten:

> »Also stell dir mal vor, du müsstest jetzt im Bekannten-, Freundes- oder wie auch immer -kreis [...] beim nächsten Familientreffen, wenn dann gefragt wird [imitiert hohe Frauenstimme]: ›Und, was macht die Linda[45]?‹ – [tiefe Stimme] ›Ja, die Linda hat jetzt ein Superappartement und macht ein gutes Geschäft.‹ – [...] Ich hätte Angst, das zu formulieren nach außen hin, was meine Tochter da macht.«

45 Name geändert.

Die wertneutrale Betrachtung der Prostitution konterkarierend, markieren die hier sehr allgemein und von außen formulierten Ängste eine deutliche Grenzziehung zwischen der Prostitution auf der einen Seite und dem eigenen Leben im Bekannten-, Freundes- und Familienkreis auf der anderen. In ihrer – für Ängste typischen, stets mit »Fluchttendenzen« (Schützeichel 2006, S. 17) verbundenen – Wirkung stabilisieren sie zudem eine weitgehende Distanz zum Feld: Trotz guter Nachbarschaft erscheint eine aktive Auseinandersetzung mit der Prostitution wegen ihrer öffentlichen Abwertung kaum vorstellbar. Nach außen sichtbare Kontakte ins Feld sind bedrohlich, da sie mit der Gefahr verbunden sind, selbst als Person abgewertet zu werden. Verhindert werden dadurch aber auch konkrete Einblicke ins prostitutive Geschehen, das damit nahezu zwangsläufig als »merkwürdig«, »anders«, »fremd« oder auch als völlig »andere Baustelle« wahrgenommen wird, wie ein Anwohner des Bahnhofsviertels das Geschehen im Nachbarhaus beschreibt: »Das hat nichts mit meinem Frühstück zu tun. Es passiert außen irgendwie.« (Anwohner C.)

Stigmatisierungsängste, die eine Distanz zum Feld hervorrufen und verstärken, lassen sich dabei nicht nur bei Außenstehenden beobachten, sondern beeinflussen auch das Handeln von langjährig und durchaus selbstbewusst im Feld aktiven Personen: »Für mich ist das kein Problem, wenn mich jetzt hier wirklich einer sehen würde«, stellt die Betreiberin einer Wohnung zum Beispiel zunächst fest, um dann aber doch einschränkend hinzuzufügen: »Ich meine, sicherlich, es muss nicht unbedingt sein [, dass es jemand mitbekommt]. Ich provoziere so was nicht« (Wohnungsbetreiberin E.). Vor allem bei Freiern trägt die Tatsache, dass »irgendwie immer die Angst mit dabei [.../ist], dass einen jemand sieht« (Freier N.), deutlich zu dem Bemühen bei, sich möglichst »diskret« (Freier H.) zu verhalten.

Ängste und Unsicherheiten führen so auch zu einer inneren

Distanz oder Abschottung des Feldes selbst, wie die ehemalige Prostituierte mit Blick auf ihren Einstieg ins Milieu verdeutlicht:

> »Ich habe dann damals quasi so die alten Kontakte im Laufe der Zeit abgebrochen, dass ich die gar nicht mehr hatte. [...] Weil die Leute dann schon mal fragen: ›Was machst du denn jetzt genau?‹ und das hätte mich schon in die Bredouille gebracht. [...] Damals gab es da überhaupt niemanden. Ich habe da ziemlich viel Angst gehabt. Ich dachte, wenn ich das erzähle, dass ich dann abgelehnt werde.« (Prostituierte D.)

Gerade auch für Freier ist in der Regel relativ klar: »Es gibt keiner zu« (Freier M.) bzw. man kennt »niemanden, der offen zugeben würde, dass er mehr oder weniger regelmäßig Prostituierte frequentiert« (Freier N.). Austauschen tut man sich allenfalls »mit ganz guten Freunden«, wie ein Freier berichtet: »Bei mir ist es eine ganz, ganz kleine Clique, bei denen das überhaupt infrage kommt.« (Freier M.) Eine der wesentlichen Folgen der Stigmatisierungsängste ist so auch eine diskursive Ausgrenzung der Prostitution, die deren Fremdheit für Außenstehende und damit auch das Konstrukt des »Anderen« weiter verstärkt.

Stigmatisierungsängste sind dabei oft mit Gefühlen von Scham und Peinlichkeit verknüpft, die sich in kurzen, als peinlich erlebten Situationen, aber auch in nachhaltigen »bösen Gewissensbissen« (Freier K.) beispielsweise äußern können. Solche Gefühle werden stets als belastend wahrgenommen. Teilweise gehen sie mit deutlichen Hemmungen in Bezug auf einen Feldkontakt einher, wie der Polizist, der fünf Jahre im Bahnhofsviertel gearbeitet hat, verdeutlicht: Er wäre in dieser Zeit gern einmal als »Kunde in irgendein Bordell« gegangen – »Ich hab mir das immer [...] vorgenommen. Ich wollt's mal machen« –, musste aber feststellen: »Ich trau mich nicht.« Er selbst kommentiert, dass dies »doch eigentlich bescheuert« sei, denn »wenn Sexualität auf so 'ner Ebene ohne schlechtes Gewissen funktioniert«, sei sie eigentlich »ja auch was Schönes« (Polizist G.). Vor dem Hintergrund sowohl von Ängsten als auch Schamgefühlen wird der Schritt in die Prostitution zunächst oft als eine Überwindung von Hemmschwellen geschildert: »Also am Anfang war's so [...], da bin ich nicht in die Zimmer rein, sondern da bin ich einfach nur spazieren gegangen und einfach mal gucken, ja? Und dann kam irgendwann der Schritt, wo man sich dann getraut hat, das mal zu erleben.« (Freier E.)

Erst irgendwann und aus Freier-Sicht beispielsweise dadurch unterstützt, dass einen »einfach der Trieb [...] übermannt hat oder man eben das Bedürfnis hat, wird die Angst immer kleiner« (Freier N.). Scham- und Peinlichkeitsgefühle markieren so nicht nur eine Grenzziehung zwischen prostitutiver und nicht prostitutiver Sexualität, sondern stellen in Form von Beschämungsängsten gleichzeitig eine wirksame Barriere dar, die es vor einer aktiven Auseinandersetzung mit dem Feld zu überwinden gilt. Von den Befragten wird diese Barriere oft als kaum nachvollziehbar und als in gewisser Weise unerklärlich beschrieben, sie bleibt aber dennoch – oder vielleicht gerade deshalb – sehr wirksam: »Ich glaub, das war für mich immer noch irgendwie etwas Fremdes, Angstbesetztes in irgendeiner Form«, erklärt der Polizist seine auch nach fünf Jahren der intensiven Auseinandersetzung mit dem Bahnhofsviertel weiter bestehende Distanz zum Milieu. Den Grund kann er allerdings »gar nicht so im Detail beschreiben«, er sei da »gar nicht so dahintergedrungen« (Polizist G.).

Grundsätzlich können Scham- und Peinlichkeitsgefühle einer allgemeinen Öffentlichkeit gegenüber empfunden werden – etwa dann, wenn Freier Situationen als »peinlich« empfinden, in denen man »sieht [...], wenn man reingeht oder rauskommt« aus dem Bordellzimmer bzw. dem Bordell (Freier N.), oder auch, wenn Prostituierte sich »gar nicht trauen«, öffentlich über ihre Situation zu sprechen (Expertin G.), weil sie sich »schämen«.

Schamgefühle und ein »schlechtes Gewissen« beziehen sich bei Freiern daneben aber vor allem auf ihre existierenden bzw. potenziellen Partnerinnen, und sie rekurrieren damit besonders deutlich auf die Grenzziehung zwischen prostitutiven und partnerschaftlichen Sexualitätsformen. Wie dies für diese Art der Gefühle allgemein gilt, dürften sie auch in diesem Kontext zunächst einmal »eine unwillkürliche Form von ›Entschuldigung‹« sein (Neckel 1991, S. 99 f.), um die »Selbst- und Fremdachtung« der sich schämenden Person wiederherzustellen (ebd., S. 100). Darüber hinaus signalisieren sie, dass die jeweilige soziale Situation, in der sie auftreten, »fundamental durch die Verletzung einer Norm charakterisiert [ist], die vom Individuum als persönlich verbindlich internalisiert worden ist« (ebd., S. 104).

So verweisen Gefühle von Scham und Peinlichkeit in Bezug auf die Prostitution immer auch auf ein (sexualmoralisch normatives) Hierarchieverhältnis zwischen partnerschaftlicher und prostitutiver Sexualität, bei dem das eine Modell als eine anerkannte Norm, das andere als ein Normbruch bzw. als eine beschämende Abweichung wahrgenommen wird. Folge ist, dass die sich schämenden Personen vor dem Normbruch zurückschrecken: Vor allem bei ersten Kontakten mit dem Feld ist »eine Barriere da« (Wohnungsbetreiberin E.), wie die Betreiberin eines Appartements schildert. Erst wenn diese »gebrochen ist«, sei die prostitutive Sexualität »nichts Außergewöhnliches mehr« (ebd.).

Neben der Scham wird in den Interviews vor allem auch das Gefühl des Ekels als sehr beeinträchtigend beschrieben. Besonderes Gewicht hat dieses Gefühl bei der Einschätzung des Berufes der Prostituierten, der als ein von Ekelgefühlen belasteter gilt. Zwar berichten auch Besucher von Laufhäusern bisweilen von als »ekelig« (Architekturstudent A.1) wahrgenommenen Prostituierten oder von einem Erlebnis, bei dem »ein paar Männer«, die versehentlich zu einem Transvestiten ins Zimmer gegangen seien, plötzlich »aus der Ecke [eines Flures] schreiend« herausgelaufen seien, was sie selbst »wirklich auch eher angeekelt« habe (ebd.). Die Befragten thematisieren Ekelgefühle jedoch überwiegend in Bezug auf die Tätigkeit der Prostituierten, die sie insbesondere vor dem Hintergrund einer (stets möglichen) Verknüpfung mit Gefühlen des Ekels als eine besonders »schwere Arbeit« beschreiben (Freier L.): »Stellen Sie sich mal vor, Sie müssten Sex haben mit einem Mann, der vielleicht stinkt [...] oder der gar nicht nach Ihrem Geschmack ist, nur wegen des Geldes ...«, erklärt ein Freier eindringlich. Auch Prostituierte berichten von Erlebnissen mit Freiern, die »aufs Zimmer« gehen, »ohne sich großartig gewaschen zu haben«, was sie als »ekelhaft« und »widerlich« beschreiben (Prostituierte I.). Und auch von außen, das heißt von Personen ohne eigene Prostitutionserfahrung, wird die Sexarbeit bzw. der Beruf der Prostituierten immer wieder als durch Ekelgefühle besonders belastet angenommen – und sei es auch nur in positiv konnotierter Abgrenzung zu »noch ekligeren« Berufsfeldern: Eine Anwohnerin hält die Sexarbeit im Vergleich zu anderen Berufsfeldern für nicht so schlimm. Der Beruf der Fußpflegerin zum Beispiel sei »echt noch ekliger«. In der Abwägung würde sie selbst lieber als Prostituierte arbeiten wollen (Anwohnerin A.).

Grundsätzlich sind Gefühle des Ekels den »(Primär-)Affekten zuzuordnen« (Krey 2003, S. 30), sie gehören zu den »kurzfristigeren«, aber auch »intensiveren Gefühlsbewegungen« (Rammstedt 1988, S. 255), die sich auch durch eine intensive körperliche Reaktion auszeichnen. Ekelgefühle konnten wir deshalb nicht nur in Interviewsituationen beobachten, wenn sich etwa der Gesichtsausdruck entsprechend veränderte, sondern sie zeigten sich bei der oben zitierten Prostituierten I. auch in diversen Krankheitsbildern und einem von ihr als kaum beherrschbar geschilderten »Waschzwang« (Prostituierte I.).

Gefühle des Ekels werden als gravierende Hemmnisse wahrgenommen, die vor allem die Tätigkeit der Prostituierten sehr weitgehend, wenn nicht gar grundsätzlich infrage stellen. Wie allgemein für dieses Gefühl festgestellt werden kann, möchte sich der bzw. die Betroffene »schnell vom Objekt des Ekels entfernen, sich wegdrehen, oder die Situation verändern und das Ekelhafte beseitigen« (Krey 2003, S. 31) – eine Reaktion, die auch bei der oben zitierten Prostituierten erkennbar ist, die ihre Ekelgefühle in enger Verbindung mit dem dringlichen Wunsch äußert, aussteigen zu wollen.

Ekelgefühle treten grundsätzlich auch in anderen Berufsfeldern, etwa in dem oben genannten Bereich der Fußpflege oder in anderen Pflegeberufen auf. Hier werden sie ebenfalls als ein grundsätzliches Problem mit abschreckender Wirkung thematisiert, das es sehr ernst zu nehmen gelte. Gleichzeitig wird im Rahmen der Ausbildung zu Pflegeberufen aber auch sehr deutlich darauf hingewiesen, dass die »Regulierung dieser Emotion, dieses Affektes in Interaktionen« stattfindet und dass »Dinge, Situationen oder Menschen nicht an sich Ekel erregend sind, sondern dass die Vorstellung des Individuums deren Eigenschaften zu etwas ekligem gestaltet« (ebd., S. 30 f.). Ernst genommen und problematisiert werden Gefühle des Ekels im Bereich der Pflegeberufe deshalb in der Weise, dass das »Affektleben [...] durch Gewöhnung und Training« modelliert werden kann und sollte (ebd., S. 45). Während für Pflegeberufe gilt: »Ekel ist okay«, wie es in der Überschrift eines »Lern- und Lehrbuch[s] zum Umgang mit Emotionen in Pflegeausbildung und Pflegealltag« heißt (Krey 2003), gelten Ekelgefühle im Bereich der Prostitution oft als Argument einer verständlichen und sehr grundsätzlichen Ablehnung des Geschehens an sich.

Neben Angst und Scham markiert so auch der Ekel eine deutliche Grenze zwischen zwei gefühlsmäßig sehr unterschiedlich aufgeladenen »Welten« – was für die im Feld aktiven Personen immer wieder eine Grenzüberschreitung notwendig macht. Wesentlich sind dabei vor allem auf Freierseite zahlreiche mit der Prostitution verbundene positive Gefühle, die den geschilderten hemmenden Effekten entgegenwirken – dabei aber grundsätzlich ambivalent bleiben, wie im Folgenden gezeigt werden soll.

7.5 Prostitution als (ent)emotionalisiertes Dienstleistungsverhältnis

Sexuelle Lustgefühle, der Spaß an der Sexualität oder schlicht eine allgemein formulierte Neugier werden von Männern, die die sexuelle Dienstleistung Prostitution nachfragen, immer wieder als wesentlich, wenn nicht gar als die zentrale Motivation benannt. »Männer, die gehen zu Prostituierten wegen der Lust«, stellt etwa eine ehemalige Prostituierte fest und ergänzt: während »Frauen in der Prostitution [arbeiten], um Geld zu verdienen« (Prostituierte B.). Sie selbst erklärt ihren eigenen Schritt in die Prostitution zwar auch damit, dass sie »schon vorher viele Kontakte gehabt [habe] mit Männern und [...] da immer so neugierig« gewesen sei. In der Regel wird das Argument einer gewissen Neugier auf neue (sexuelle) Erfahrungen aber vor allem auf Freierseite vorgetragen: »Ich bin einfach mal hingegangen und bin einfach mal durch so ein Laufhaus durch, aus reiner Neugierde.« (Freier E.) Oder allgemeiner formuliert: Ich war »einfach neugierig mal, [.../wollte] einfach mal schauen« (Freier D.). Gesucht wird »etwas Neues« oder ein über die bisherigen Erfahrungen hinausgehender »Kick« (ehemalige Prostituierte D.), wie Prostituierte bestätigen. Daher müsse man, wenn man zum Beispiel »eine Wohnung hat, auch immer etwas Neues tun« (Wohnungsbetreiberin E.). Und auch Freier sind überzeugt, »eine gewisse Abwechslung [müsse] man haben als Mann« (Freier H.). Als wenig reizvoll bzw. für Prostituierte ökonomisch eher uninteressant gilt deshalb insbesondere die Figur der »Hausfrau«: Wenn man »mit so Hausfrauen« ankäme, das wollen die Freier »überhaupt nicht. [...] Na, dann denken die: Das haben wir zu Hause auch« (Prostituierte B.), erklärt eine ehemalige Prostituierte und greift damit erneut die zentrale Unterscheidung zwischen partnerschaftlicher und prostitutiver Sexualität auf.

Wenn sie sich deutlich von der partnerschaftlichen Sexualität unterscheidet, wird die prostitutive Sexualität teilweise sogar als moralisch weniger bedenklich wahrgenommen, wie ein Befragter ohne eigene Prostitutionserfahrungen ausführt: Das »08/15-Massengeschäft [...], das finde ich irgendwie doof«, aber wenn jemand ausgefallene sexuelle Wünsche habe und zum Beispiel gern zur »Stiefeldomina« gehen möchte, und »angenommen, er ist in einer Beziehung und die Frau sagt: ›Sorry, Schatz, damit kann ich so gar nichts anfangen.‹ [...] Dann würde ich noch mal unterscheiden. [...] Das ist ein Beispiel, wo ich das dann okay finde, dass man das als Dienstleistung [...] sucht, um diese Welt umzusetzen.« (Anwohner B.)

Solche Beschreibungen einer als »anders« wahrgenommenen, vor allem auch als »anders« gewünschten Sexualität verknüpfen Freier oftmals mit der Feststellung, der sexuelle Akt unterscheide sich in der Prostitution insbesondere dadurch, dass er »nichts mit Liebe und Gefühl zu tun« habe (Freier N.). Erklärend wird zum Teil noch hinzugefügt, hier gehe es nur um eine »Reizbefriedigung« (ebd.) bzw. nur um den »reinen

Trieb« (Freier H.). Solche Sexualitätsvorstellungen, die auf die »Naturhaftigkeit« des körperlichen Aktes rekurrieren, erfüllen in der Regel die Funktion einer moralischen Entlastung, da sie »implizieren, dass das Subjekt sein sexuelles Handeln nicht im eigentlichen Sinne intendiert hat und somit keine Verantwortung übernehmen muss« (Wrede 2000, S. 26). In Bezug auf die prostitutive Sexualität ermöglichen sie eine legitimatorische Kompensation und tragen damit ebenfalls wesentlich zur Überwindung negativer Gefühlsbarrieren bei.

Mit dem Diskursmuster der Triebbefriedigung – und dieses heute, so die These, möglicherweise ablösend – verknüpften unsere Gesprächspartner/-innen aber vor allem auch das Modell der »Dienstleistung Prostitution«. Es handelt sich dabei um eine noch relativ junge Bezeichnungspraxis, die auf ein sich veränderndes Verständnis der prostitutiven Sexualität als eigenverantwortliches und (selbst)bewusstes Handeln hinweist.

Gerade auch als Dienstleistung bzw. Geldgeschäft wird die Prostitution nahezu qua Definition als emotionslos wahrgenommen: »Es ist nett, aber es ist im Prinzip eine Dienstleistung« (Freier M.), und diese Dienstleistung schließe eine »wechselseitig vereinbarte Trennung von Sexualität und Liebe« ein (Beratungsstelle A.). Im Unterschied zu einem mit vielfältigen und weiter gehenden Verpflichtungen verbundenen »Liebesverhältnis« habe man die bezahlte Sexualität stets »unter Kontrolle«, beschreibt eine Prostituierte die damit verbundenen Vorteile. Hier können auch Freier problemlos »kommen und aber auch wieder gehen« (Prostituierte B.).

Sowohl auf Freierseite als auch auf Seiten der Prostituierten wird die prostitutive Sexualität also gerade wegen der im Dienstleistungsverhältnis zum Ausdruck kommenden Emotionslosigkeit als sehr entlastend empfunden. »Ich bin mir auch darüber im Klaren, dass ich von meiner Seite aus eine zu enge emotionale Bindung einfach nicht anstreben will« (Freier F.), erklärt dazu ein Freier im Interview. Ein anderer führt aus: »Für mich steht nur die reine Dienstleistung im Vordergrund, und ich will auch nicht darüber hinaus.« (Freier H.) Und ein Bordellbetreiber wünscht sich für seine Tochter, sollte sie sich überlegen, Prostituierte zu werden, vor allem, dass sie es dann »aus reinem sachlichen [...] Willen« tun möge und sich »sachlich sagt: ›Okay, ich möchte hier arbeiten‹ [...], auf professioneller Basis« (Bordellbetreiber Q.). Bereits der explizite Wunsch eines »sachlichen Willens« und die dezidierte Betonung der Emotionslosigkeit machen dabei deutlich, dass die sexuelle Dienstleistung Prostitution keineswegs »naturhaft« emotionslos und rein sachlich ist. Eine solche Erkenntnis in sein Handeln integrierend, führt der oben zitierte Freier weiter aus, dass er eine »emotionale Bindung« in der Prostitution bewusst »unterdrücken will«. Auf die Nachfrage, ob es denn einen Impuls zu einer emotionalen Bindung gebe, der dabei zu unterdrücken sei, antwortet er spontan: »Ja, den gibt es wohl immer.« (Freier F.)

Dass dieser Impuls jedoch keineswegs immer unterdrückt wird, wurde in den Interviews in vielfacher Weise deutlich. Die Erzählungen verweisen ganz im Gegenteil auf vielfältige emotionale Bindungsstrukturen und konterkarieren damit die oft sehr dezidiert getroffene Aussage, die prostitutive Sexualität habe mit Emotionen und vor allem mit Liebe nichts zu tun. So ist beispielsweise durchaus von Sympathiegefühlen, Freundschaften und sogar annähernden (Zweier-)Beziehungsstrukturen zwischen Freiern und Prostituierten die Rede, die so weit gehen können, »dass der Sex schleichend in den Hintergrund gerät, weil es so eine persönliche Beziehung« wird, wie ein Callboy mit langjähriger Felderfahrung berichtet. Selbst Gefühle der Liebe sind hier keineswegs völlig unbekannt.

Überwiegend werden Gefühle der Liebe in den Interviews allerdings im Kontext eines als unabdingbar erachteten bewussten Ausschlusses thematisiert. »Es gibt auch Freier, die sagen: ›Ich suche hier die Liebe meines Lebens‹«, meint ein Freier zunächst in Bezug auf deutliche emotionale Bedürfnisse im Kontext der prostitutiven Sexualität. Er fügt dann allerdings im Ton der Überzeugung hinzu: »Das kann man [aber] knicken. Das kann man wirklich komplett knicken.« (Freier H.)

Deutlich wird hier ein Spannungsverhältnis zwischen einer (positiv konnotierten) emotionalen Bedeutungsaufladung der sexuellen Dienstleistung Prostitution auf der einen und der Ausgrenzung und Abwehr solcher Emotionen auf der anderen Seite. Auch Abwehrreaktionen in Bezug auf das Gefühl der Liebe, die den Befragten als notwendige Verhaltenstendenz erscheinen, dürften dabei eng mit der Grenzziehung zwischen prostitutiver und partnerschaftlicher Sexualität zusammenhängen. Die abgrenzende Wirkung negativer Gefühle, die wir oben nachgezeichnet haben, lässt sich für positiv konnotierte Gefühle ebenso nachweisen, wenngleich in ambivalenterer Form.

7.6 Die emotionale Konstruktion zweier Welten als Dilemma der Prostitution

Wie gezeigt werden konnte, sind nicht nur Gefühle allgemein, sondern auch Gefühle der Sympathie, Freundschaft und sogar der Liebe in der Prostitution keineswegs so ungewöhnlich wie oft angenommen. Sie werden hier von den Beteiligten allerdings mehr oder weniger bewusst unterdrückt und ausgeschlossen. Das bestätigt nicht nur ihre grundsätzliche Existenz, sondern verweist auch auf eine für die Prostitution besondere »Problematik«. Diese deutet sich etwa in der Aussage einer ehemaligen Prostituierten an, welche die aus ihrer Sicht durchaus relevanten positiven Gefühle als ein Tabuthema des Geschäftes beschreibt:

> »Also ein Tabu war, man sollte keine eigenen Gefühle haben, es sollte einem keinen Spaß machen und also, es sollte halt wirklich nur ein Arbeitsbereich sein und kein Spaßbereich. [...] Und ich persönlich muss sagen, na ja gut, also bei manchen Männern, wenn die die richtigen Knöpfe drücken, dann macht es einem auch Spaß, und das sollte man dann aber nicht so an die große Glocke hängen.« (Ehemalige Prostituierte D.)

Die Regel, (positive) Gefühle im Kontext der Prostitution möglichst auszuschließen oder zumindest (deren Außenwahrnehmung) unter Kontrolle zu halten, gilt insofern nicht nur für Freier, sondern auch für Prostituierte. Wird die *Prostitution* auf der einen Seite unter anderem über eine Aufladung mit negativen Gefühlen wie Scham, Unsicherheit und Angst *aus der »normalen« Gesellschaft ausgegrenzt*, so werden auf der anderen Seite *positiv besetzte Gefühle und insbesondere das Gefühl der Liebe* nahezu regelhaft und in weitgehendem Maße *aus der Prostitution ausgegrenzt*. Solchen Gefühlsregularien, die sich auf den Ausschluss bestimmter Gefühle beziehen, kommt im emotionalen Gesamt-Setting der Sexdienstleistung dabei eine besondere Bedeutung zu. Denn die durch die Aufladung mit negativen Gefühlen bereits erreichte Grenzziehung zwischen einer »normalen« und einer prostitutiven, als »anders« erlebten Welt wird durch diesen Ausschluss in letzter Konsequenz überhaupt erst wirksam: Erst der Ausschluss positiver Gefühle sichert ab, dass die durch negative Gefühle hergestellte Grenze zwischen Prostitution und Normalität auch nach deren Überwindung durch Freier und Prostituierte weiterhin bestehen bleibt. Insbesondere das Gefühl der Liebe bleibt damit exklusiv der partnerschaftlichen Sexualität vorbehalten, gilt als »Voraussetzung für die Aufnahme von hochpersönlichen sozialen Beziehungen und für die Gründung von Familien« (Schützeichel

2006, S. 9). »Daheim war ich halt lieb und so, und dann da [in der Prostitution] war ich ein anderer Mensch.« (Prostituierte I.)

Die meisten befragten Interviewpartner/-innen beschreiben diese Unterscheidung zweier Welten als eine unumgängliche und auch pragmatische Lösung, die überhaupt erst die Vereinbarkeit der beiden Bereiche gewährleistet. Das Ausgrenzen bzw. Tabuisieren positiver Emotionen bedeutet für die Prostitution und die mit ihr verbundenen Menschen gleichzeitig aber auch ein Dilemma: Die prostitutive Sexualität bietet im Rahmen erweiterter sexueller Freiheiten zwar eine oft als positiv erlebte Wahlmöglichkeit, sie führt aber zugleich zu einem häufig als unbefriedigend erlebten Resultat, da das prostitutive Erlebnis ohne (die Chance auf) Liebe und Gefühl lediglich ein »isoliertes Vergnügen« bleibt (Freier N.), das als »reduziert« wahrgenommen wird (Freier I.). So wirken gerade *die Ausgrenzung und Tabuisierung positiv konnotierter emotionaler Aufladungen* der prostitutiven Sexualität an der Ausgrenzung und Tabuisierung der Sexarbeit mit – ein sozialer Wirkmechanismus, der bisher wenig Beachtung gefunden hat.

8. Alles sauber? Hygiene als umkämpftes Feld

In Frankfurt hat sich als Ergebnis politischer Interventionen der achtziger Jahre eine nicht ganz unübliche Überlagerung von Drogen- und Prostitutionsszene ergeben. Damit geht einher, dass herumliegender (Sperr-)Müll, Dreck sowie Essens- und Verpackungsreste als prägend für das Straßenbild des Bahnhofsviertels beschrieben werden. Dieser Abfall wird von einer Reihe der Interviewten als Hintergrund für eine verunsichernde Wirkung der Gegend aufgefasst. Die Fokussierung auf Verschmutzung, auf die wir in den Interviews zum Charakter des Quartiers gestoßen sind, spielt eine noch tragendere Rolle, wo es um die Beschreibung der Innenräume der Prostitution geht. Das heißt keineswegs, dass Verdreckung häufig konstatiert wird, sondern dass die Möglichkeit, der Ort könne mit Schmutz behaftet sein, stets in Erwägung gezogen wird.

8.1 Sauberkeitserwartungen und Reinigungspraxis

Viele Kunden der Prostituierten, insbesondere in den Laufhäusern des Bahnhofsviertels, schildern ihre Erwartungen in Bezug auf die Räume und ihre Erfahrungen in den Zimmern unter dem Topos der Sauberkeit. Die Interviewerin fragte beispielsweise einen langjährigen Kunden, einen Junggesellen vom Land, der sich selbst als »einfachen Arbeiter« bezeichnete: »Was ist Ihnen besonders wichtig an so einem Haus, wenn Sie hier reinkommen, worauf achten Sie besonders?« Die Antwort fiel kurz und knapp aus: »Dass es sauber ist und gepflegt auch.« (Freier D.) Ein Büroangestellter, der auf dem Weg vom Job zur Familie im Bordell vorbeischaut, befürchtet, mit seiner Antwort nur einen Gemeinplatz auszusprechen: »Na gut, klar, sagt wahrscheinlich jeder: Die Sauberkeit find ich sehr, sehr wichtig.« (Freier E.) Er erläutert ganz funktional und minimalistisch seine Erwartungen: »Teppich und so was, das muss nicht unbedingt sein, weil da ja dann natürlich auch viele Leute drüberlaufen, aber wenn Handtücher daliegen, das ist wichtig.« Ein anderer Freier achtet mehr auf die Lichtverhältnisse, betont aber ebenso die Notwendigkeit der Sauberkeit: »Wichtig ist eigentlich nur die Beleuchtung. Es sollte nicht zu hell sein und nicht zu dunkel. Das Bett sollte auf jeden Fall schön gemütlich sein. Der Rest ist eigentlich nebensächlich. Und sauber, auf jeden Fall sauber.« (Freier K.)

Die regelmäßige Betonung der Bedeutung von Sauberkeit weist auf ein Problem hin: Sauberkeit kann offenkundig nicht unkommentiert vorausgesetzt werden. Dies lässt sich zum Teil darauf zurückführen, dass Bordelle, gemessen an deutschen Sauberkeitsstandards, als dreckig wahrgenommen werden. Gleichzeitig wird aber hervorgehoben, dass viele Häuser im Bahnhofsviertel die Hygienemaßnahmen in den letzten Jahren deutlich verbessert haben: »Ich bin heute in der Moselstraße gewesen. Dieses Eckhaus zur Taunusstraße, was dem Herrn B. gehört, das wird jetzt restauriert, saniert. Das sieht jetzt richtig top aus [...] das Haus, ich hatte noch in Erinnerung, wie's vor ein, zwei, drei Jahren aussah oder vor fünf Jahren. Dieser Dreckschuppen.« (Polizist G.)

Die als sauber wahrgenommenen modernen Bordelle oder Laufhäuser stehen laut den Aussagen der Befragten in deutlichem Kontrast zum Straßenstrich. Die Varianten der Prostitution vergleichend, resümiert ein Kunde: »Auch andere Formen hab ich mal angeguckt, aber so, also Straßenstrich ist nichts für mich. Da hab ich mehr Angst wegen der Sauberkeit und allem.« (Freier E.) Eine solche Gegenüberstellung mit einem klaren Plädoyer für die Bordelle nimmt auch der im Folgenden zitierte Mann vor. Die Interviewerin fragte: »Gibt es Aspekte, die Sie besonders wichtig finden hinsichtlich der räumlichen Situation in der Prostitution? Ist das Zimmer von Bedeutung?« Als Antwort erhält sie: »Zimmer jetzt nicht, aber dass es hygienisch ist, dass man sich waschen kann im Zimmer. Sehr wichtig, die Hände. Auf der Straße kann man das nicht machen. Deswegen ist es schon besser, wenn man so im Zimmer ist, wo man sich waschen kann.« (Freier L.)

Sauberkeitserwartungen können sich auf den Raum und auf den (im vorangestellten Zitat) eigenen Körper beziehen. Der Raum offeriert die Möglichkeit, den Körper zu säubern. Diese Praxis ist klar orchestriert. Von der eine Sexdienstleistung anbietenden Frau wird zumeist erwartet, dass sie sauber und gepflegt auftritt. Sie muss die Reinigung nicht vor den Augen der Kunden vollziehen, den Körper gilt es vielmehr schon vor der Geschäftsaufnahme zu reinigen. Anders als man angesichts der Zuschreibung der »dreckigen Straßenhure« vielleicht erwarten würde (vgl. Kapitel 5), beschreiben Kunden die Prostituierten heute mehrheitlich als »sauber und gepflegt«, was in besonderem Maße für jene Frauen gilt, mit denen die Freier verkehren. Sehr plastisch schildert ein Stammfreier seine favorisierte Sexarbeiterin: »Auch sehr gepflegt, sehr sauber, überhaupt kein Tattoo, nichts. Sie ist echt so wie Michelle Hunziker, so vom Typ her, so sieht sie wirklich aus. Also so sieht man selten eine auf der Straße.« (Freier D.) Kurz darauf betont er noch einmal: »Sauber, ordentlich ist sie, ja?« An anderer Stelle im Interview erfahren wir: »Die Dame selbst ist sehr gepflegt, immer frisch geduscht, immer parfümiert.« (Freier D.) Manche Freier geraten richtig ins Schwärmen: »Hier gibt es so richtig gepflegte, schöne Frauen.« (Freier L.)

Die Sauberkeit der Prostituierten und ihrer Räume ist anscheinend so wenig selbstverständlich, dass sie betont und beschrieben werden muss. Gleichzeitig ist sie allerdings doch schon so weit selbstverständlich, dass Kunden sie erwarten können: Die Prostituierte muss Sauberkeit nicht unbedingt durch öffentliche Waschungen unter Beweis stellen. Stattdessen beginnt die sexuelle Dienstleistung an vielen Orten mit der Waschung des Mannes. Das Waschen der Genitalien erscheint in den Erzählungen als ein »selbstverständlicher Bestandteil einer Handlungsabfolge« (Ahlemeyer 2000, S. 155). Im Laufhaus wäscht (in der Regel) die Prostituierte den Penis des Mannes, in Terminwohnungen wird der Mann je nach Zeitbudget (und damit nach gezahltem Preis) und Gepflogenheit entweder allein unter die Dusche bzw. in die Badewanne geschickt, oder die Frau begleitet den Mann unter den Wasserstrahl und beginnt dort mit dem Sexualakt. »Damals in der Wohnung«, schildert ein Freier,

> »die bestanden auf Reinlichkeit. Das heißt, du hast dich ausgezogen, bist in die Badewanne gestiegen, hast dich erst mal schön sauber gemacht, und dann ging's langsam über zum Akt. Da konnte man sich schon ein bisschen entspannen, weil da ist kein Durchgangsverkehr, wo man denkt, hoffentlich kommt da jetzt keiner die Tür rein, aus Versehen.« (Freier K.)

Das Waschen kann sehr positiv besetzt sein, als Übergangsritual und Zeitgewinn interpretiert werden; es kann aber auch als schnelle, selbstverständliche Handlung wahrgenommen werden. Heinrich W. Ahlemeyer (2000) bemerkt in seiner Studie zur »prostitutiven Intimkommunikation«, dass der Verweis auf die Waschung der Genitalien in den meisten Sprechakten lediglich en passant, oft im Kontext einer anderen Geschichte erfolgt. Dies lässt sich am folgenden Zitat einer Bordellbetreiberin gut verdeutlichen, die zu vermitteln versucht, wie selbstverständlich eine Kollegin mit ihren Kunden umgeht: »Zum Beispiel letzten Samstag war ich kurz hier. Sie werden es mir nicht glauben, aber ich saß hier und habe kurz zugehört. Ist sie mit dem ins Bad und hat gesagt: Komm zeig mal dein Zippelche. [Lacht] Sehr charmant ist sie. Sie geht so natürlich mit den Männern um.« (Prostituierte B.)

Die Handlung selbst, das Waschen des Penis, erscheint nicht weiter bemerkenswert. Die Praxis des Waschens ist allerdings nicht so unschuldig, wie sie zunächst anmutet. Die Frau übernimmt damit immerhin ein Stück weit die Kontrolle über die Situation. In Ahlemeyers Studie nutzen die Prostituierten die Gelegenheit, um den Penis nach Merkmalen einer Erkrankung zu überprüfen und so dass Risiko einer Kontamination durch den Geschlechtsverkehr zu reduzieren (vgl. Ahlemeyer 2000, S. 155). Die Verniedlichung des Penis als »Zippelche« liest sich vor diesem Hintergrund als aktive Entdramatisierung. In unseren Interviews betont eine Prostituierte, wie wichtig ihr die Kontrolle über das Waschen sei. Sie wolle wissen, ob ihr Freier ausreichend gewaschen ist, und betont, dies sei ein Vorteil der Wohnungs- gegenüber der Saunaprostitution: In der Wohnung

> »habe ich gesagt: Das ist mir egal. Wir gehen jetzt ins Bad, und ich wasch dich. Ja? Ja, okay. Und dann ging der dann mit. [...] Das fand ich halt auch im FKK scheiße. Das fand ich richtig scheiße. Die Gäste saßen zum Teil den ganzen Tag da und haben dich dann angesprungen und du musstest dann mit denen aufs Zimmer gehen, ohne dass er sich vorher geduscht hat, gewaschen hat. [...] Das fand ich halt an der Wohnung ganz gut, dass vorher wirklich ein Gast ins Bad gehen konnte und sich waschen konnte und du den dann wieder mitgenommen hast. Ich meine, er ist jetzt

nicht steril oder so, ja? Aber, ich meine, man weiß, wie sie gewaschen wurden. Das konntest du halt da [im Sauna-Club] nicht machen. Wenn ich zu dem gesagt hätte: Komm, wir gehen mal schnell unter die Dusche. Da würde der sagen. Ja, hast du sie noch alle? Ich gehe zu einer anderen. Ja? Ja, es ist wirklich so. [...] Es sind auch wirklich viele da [im Sauna-Club], die kommen halt, ziehen sich aus, setzen sich hin, gehen mit einer aufs Zimmer [...], ohne sich großartig gewaschen zu haben, ja? Das ist ekelhaft. Das ist widerlich.« (Prostituierte I.)

Das Waschen des Mannes setzt eine Grenze. Eine körperliche Begegnung zwischen zwei Menschen kann als »intim« konstruiert werden, indem das Duschen/Waschen zuvor zwar möglich, aber nicht notwendig ist. In der Prostitution wird der Akt des Waschens routiniert vor den Geschlechtsverkehr gesetzt. Die Prostituierte ermöglicht dem Mann einen Übergang in das prostitutive Geschehen und versucht sich mit derselben Handlung vor Geruchsbelästigung und Infektion zu schützen (vgl. zu Reinigungsritualen zur Überwindung von Furcht auch Douglas 1988 [1966], S. 180). Wie auch im Emotionsmanagement (vgl. Kapitel 7), bei dem sich die Konstruktion einer entemotionalisierten Dienstleistung der Prostituierten in der Konstruktion einer nur sexuellen Befriedigung der Kunden spiegelt, ist auch das Waschen ein reziprokes Arrangement: Den Männern bietet es im Rahmen der Bedingungen, in denen die Prostitution als die andere Welt konstruiert wird, eine Form des Übertritts; die Prostituierten bauen die Reinigung in professionelle Strategien des Selbstschutzes und der Abgrenzung ein.

Anders als die Kunden, die die Sauberkeit der Prostituierten hervorheben, betonen die von uns interviewten Prostituierten, dass ihre Kunden zuweilen nicht sauber genug zu ihnen kommen. Sie bemühen sich jedoch meist um Ausgewogenheit und loben, dass viele Freier durchaus gepflegt seien. Das Zitat einer Betreiberin einer Terminwohnung mag das verdeutlichen:

> »Ja, aber man möchte schon lauter sympathische Männer haben. Das ist ja wie überall. Also, es gibt Herren, die sind sehr beliebt. Aber es gibt wirklich auch Herren, wenn die kommen, das ist schwer an die Frau zu bringen. Also, das wollen sie auch nicht. Sauber, gepflegt, nett, gut bezahlend – es muss in etwa alles stimmen.« (Prostituierte B.)

Bei Kunden, Bordellbetreibern oder bei im Umfeld der Prostitution beschäftigten Männern kommen Freier in puncto Sauberkeit teilweise schlechter weg: Ein Freier, der als Taxifahrer zuweilen Kunden zu den Bordellen bringt, klagt beispielsweise: »Manche Männer, die reinkommen, die sind schon breit, ja? Und die stinken schon, bevor sie sich ausgezogen haben. Entschuldigung, ich sage es jetzt mal krass. Und die mag ich eigentlich nirgendwo anbieten.« (Freier I.) Über seine Erfahrungen in Sauna-Clubs berichtet ein anderer Freier: »Ich sehe ja auch die Männer, die kommen in die Umkleide, um dann ungeduscht sofort Richtung Barraum zu verschwinden. Oder sind auf der Toilette und reinigen sich hinterher nicht und lassen sich dann noch möglichst ohne Gummi einen blasen. Also da muss ich manchmal wirklich den Kopf schütteln.« (Ebd.) Aber auch er wägt ab, betont, dass nicht alle Männer ungewaschen sexuelle Dienstleistungen nachfragen:

> »Aber Gott sei Dank die meisten Männer achten sehr auf Hygiene. Die meisten haben Mundwasser oder Zahnbürsten dabei in den Clubs, damit sie sich die Zähne putzen können und den Mund frisch machen können und so weiter. In einem Laufhaus, da kannst du nicht duschen gehen, ne? In einer Terminwohnung bedingt. Je nachdem, wie die

Wohnung ausgestattet ist, ne? Aber in so einem Club hast du halt eher die Chance, nach gründlicher Reinigung zu gucken, oder man bleibt ja länger drin.« (Freier S.)

Ein Bordellbetreiber schimpft über die Kunden der Prostituierten:

»Die pissen in die Ecken und die reißen Sachen ab, ich sage Ihnen, Sie können sich das nicht vorstellen. Ich hatte zu der Frau H. mal gesagt, dass ich manchmal das Gefühl habe, dass es wirklich Männer gibt, die beim Betreten solcher Häuser die Kontrolle über alle ihre Körperöffnungen verlieren. Ja? Ja? [...] Das scheint wohl so ein Markierungstrieb zu sein, von den Hunden übrig geblieben, ja, also die müssen dann in die Ecken pissen. Ja? Also das ist einfach eine Unglaublichkeit, ne? Die pinkeln auch an die Türen, also das muss anscheinend so ein Markierungsgehabe sein im Unterbewusstsein, und was machen wir dann, wir holen die dann, und dann sagen wir – sind oft auch Banker, oft Banker, ja –, dann müssen die die Jacken ausziehen, ihre Jacken ausziehen, und dann müssen sie mit ihren Jacken ihre eigene Pisse wegwischen, da.« (Bordellbetreiber O.)

Wir hatten zu Beginn erwartet, in den Interviews etwas über sexualisierte Räume zu erfahren, über dezente Beleuchtung zum Beispiel oder über pornografische Bilder, stattdessen erfahren wir, wie sauber oder dreckig die Räume sind, und lauschen Schilderungen vom Waschen, Duschen, sauberen Zimmern und dreckigen Männern. Sauberkeit und Verdreckung ist ein Diskursstrang, der die Aufmerksamkeit von Kunden, Betreiber/-innen und Prostituierten in hohem Maße strukturiert. Denkt man alle die drei bisher erörterten Diskursstränge zusammen (die Dreckschilderungen, wie sie in der Medienanalyse zutage getreten sind, die Überlagerung von Schmutz und Angst in der Beschreibung des Quartiers und die Betonung der Notwendigkeit sauberer Zimmer, das Lob auf die Sauberkeit der Prostituierten und die Rituale rund um die Säuberung sowie die Erzählungen über Verdrecken, Beschmutzen und unangenehmen Geruch bei Männern), so liegt der Verdacht nahe, dass das Feld der Prostitution unmittelbar und durchgreifend mit Zuschreibungen von Dreck/Verdreckung sowie deren Kontrastfolie Sauberkeit/Säubern besetzt ist. Die Annahme, die die folgenden Überlegungen leitet, ist, dass rein funktionale Argumente wie der Bedarf an Waschgelegenheiten und die Notwendigkeit von Kontrollakten die Bedeutung des Sauberkeitsdiskurses nicht umfassend erklären können, da in den Redebeiträgen der Befragten nicht nur Verdreckung kritisiert und skandalisiert wird, sondern darüber hinaus auch Sauberkeit betont wird. Es wird also selbst dann das Thema aufgeworfen, wenn gar kein akutes Problem festgestellt wird. Das spricht dafür, dass Dreck und Sauberkeit im Sinne von Reinheit und Unreinheit über konkrete Erfahrungen hinausgehend hohe symbolische Bedeutung zugewiesen wird.

8.2 Reinheit und Unreinheit als kulturelle Muster

Die Verknüpfung von Prostitution mit Dreck oder auch Abfall ist nicht neu. Susanne Frank zeigt in ihrem Buch *Stadtplanung und Geschlechterkampf* (2003), wie sich der »Untergrund« als Gegenbild bürgerlicher Ordnung in das kollektive Imaginäre der Moderne einschreibt. An Dokumenten des 19. Jahrhunderts belegt sie, wie der »schmutzige« Körper der Hure aufgerufen wird, um die Großstadt als »Kloake, Sumpf, Morast oder Pfuhl« zu charakterisieren (Frank 2003, S. 72). Hierbei handelt es sich jedoch nicht nur um eine Fantasie, welche die Stadt klassifiziert, sondern auch und vor allem um sozialplanerische Maßnahmen, welche Stadt und Prostitution den gleichen Eingriffen unterwerfen.[46] Wie eng Raum und Körper verknüpft sind, wird besonders an der Figur und Politik des französischen Klinikers Alexandre-Jean-Baptiste Parent-Duchâtelet deutlich, der in dem Versuch, eine reine Ordnung zu schaffen, zuerst detaillierte Vorschläge für die Sanierung der Kanalisation erarbeitet, um im nächsten Schritt vergleichbare Maßnahmen für die Prostitution vorzuschlagen. Susanne Frank zeigt auf, dass Parent-Duchâtelet die Prostitution als eine Kanalisation anderer Art entwirft, noch unsauberer zwar, aber auf vergleichbare Weise durch Disziplinierung zu reinigen:

> »Die Prostitution war für ihn nichts anderes als ein Abzugskanal – so wie eine funktionierende Kanalisation die Stadt von ihren fäkalen Ausscheidungen befreite, so entsorgte idealiter die Prostitution jene seminalen Exkrete, die männlicherseits bei der Ausübung außerehelicher Sexualität anfielen. Aus der Sicht der öffentlichen Hygiene erfüllten beide damit dieselbe Aufgabe: Sie beseitigen menschliche organische Abfallprodukte und damit potenzielle physische und moralische Gefahrenherde.« (Frank 2003, S. 139 f.)

Frank deutet diesen Prozess vor allem aus der Perspektive der Frauenfeindlichkeit. Die Abwertung der sexuell aktiven Frau, die Diskreditierung des Alltags in der Großstadt über frauenfeindliche Bilder und auch die Doppelmoral, die sich im Besuch bei der Prostituierten, die gleichzeitig als Abfall klassifiziert wird, ausdrückt, rücken in den Blick. Was sie noch nicht

46 Susanne Frank (2003, S. 124 ff.) spricht hier vom »gefährlichen Körper« der Hure und der Stadt.

sieht, wird vor dem Hintergrund unserer Interviews deutlich, nämlich dass die Verschmutzung der Frau in der Sexualität nur über die Verschmutzungsaktivität des Mannes erfolgen kann. Insofern ist diese Gleichsetzung von Prostitution und Dreck zugleich männerfeindlich, weil das Sperma des Mannes abwertend nur als verunreinigender, zu entsorgender Abfall entworfen wird.

In ihren Interpretationen blenden Autoren immer wieder den sexuellen männlichen Körper aus und erklären die Diskriminierung von Prostituierten allein mit Frauenfeindlichkeit. So weist zum Beispiel der britische Geograf Phil Hubbard (1998b) in zwei Fällen die kollektive Imagination der Prostituierten als verschmutzend nach: zum einen im Zusammenhang mit dem Kampf gegen die Straßenprostitution weiblicher Prostituierter (hier am Beispiel der Aktivitäten insbesondere südasiatischer Männer in den englischen Städten Bradford und Birmingham). Allein ihre Anwesenheit scheint wie ein Gift auf das Viertel zu wirken, weswegen die Anwohner/-innen heftig darum kämpfen, den Strich zu verlegen oder zu beseitigen. Zum anderen im Kontext der nachweislich falschen Einschätzung, HIV-Infektionen gingen in besonderem Maße von Prostituierten aus (vgl. auch McKeganey/Barnard 1992). In Anbetracht der Verbreitung des Kondomgebrauchs in der Sexarbeit und unter Berücksichtigung eines vergleichsweise geringen epidemiologischen Risikos der Frau-zu-Mann-Übertragung, argumentiert Hubbard, sei die Imagination der infektiösen Prostituierten zwar kulturell tradiert, im Kern jedoch irrational. In beiden Untersuchungsgebieten, Bradford und Birmingham, kursierte die Erzählung, ein Kind habe ein benutztes Kondom aufgeblasen und sich auf diese Weise einem hohen gesundheitlichen Risiko ausgesetzt. Diese Zuschreibungen dienten als Argumentationshilfe, um gegen die Straßenprostitution zu protestieren und die Huren zu stigmatisieren.

Hubbard berücksichtigt nicht, dass in der Erzählung auch die Parallelkonstruktion des verunreinigenden Mannes transportiert wird. Sowohl die Bevölkerung, die das weggeworfene Kondom als Unrechtshandlung der Prostituierten betrachtet, als auch der Geograf Phil Hubbard, der diese Deutung als Diskriminierung von Prostituierten problematisiert, ignorieren die latente Abwertung der Kunden, die in dieser Erzählung zum Ausdruck kommt. Denn selbst wenn es den Anwohnern und Anwohnerinnen nicht bewusst ist, so vermittelt das Beispiel vom gefüllten Kondom nicht nur die Botschaft, dass die Prostituierte gefährliche Abfälle hinterlässt, sondern der Abfall selbst verweist darauf, dass der Glaube an den Samen als »heilige Substanz« Vergangenheit ist (Douglas 1988, S. 166). Als infektiös gilt in der Geschichte der Samen samt Sekret des Mannes, nicht die Prostituierte. Im Kern erzählt Alexandre-Jean-Baptiste Parent-Duchâtelet dieselbe Geschichte. Die Frau mag schmutzig werden, der Mann agiert verschmutzend.

Schlussfolgern lässt sich daraus, dass Prostituierte und ihre Kunden zwar auf unterschiedliche Weise, aber gemeinsam über das kulturelle Muster der Verunreinigung wahrgenommen werden. Wenig überraschend ist deshalb auch, dass Zuschreibungen solcher Art auch heute noch von Prostituierten, Betreibern wie von Kunden antizipiert werden. Zum Beispiel ärgert sich eine Wohnungsbetreiberin und ehemalige Prostituierte im Interview: »Die Damen sind natürlich was Besseres! Ob das die Sekretärin ist, die draußen rumvögelt, oder egal, wer das ist. Das sind die, die was Besseres sind. Die von uns sagen: ›Oh, was ein Dreck! Was ein Abschaum!‹ Lach ich drüber.« (Wohnungsbetreiberin E.) Viele Kunden und Prostituierte erklären unumwunden, dass sie Angst vor Verschmutzung durch prostitutive Sexualität haben, und meinen damit sowohl den symbolischen Aspekt des Unrein-Werdens als auch die Angst vor Infektionen: »Ich würde«, sagt zum Beispiel Freier I., »mich niemals outen. Ich würde dann wahrscheinlich Angst haben, heute noch, als schmuddelig bezeichnet zu werden.« (Vgl. zu Verschmutzungsängsten auch Hallgrimsdottir u. a. 2006, S. 277.) Und der Betreiber eines Laufhauses beschreibt die Wahrnehmung seiner sozialen Position über das Bild des »Fußabtreters« (Bordellbetreiber O.). Er selbst ist an sich nicht dreckig, doch der Schmutz der anderen bleibt an ihm hängen.

Die Kulturanthropologin Mary Douglas hat ausführlich dargelegt,

> »daß die Vorstellungen vom Trennen, Reinigen, Abgrenzen und Bestrafen von Überschreitungen vor allem die Funktion haben, eine ihrem Wesen nach ungeordnete Erfahrung zu systematisieren. Nur dadurch, daß man den Unterschied zwischen Innen und Außen, Oben und Unten, Männlich und Weiblich, Dafür und Dagegen scharf pointiert, kann ein Anschein von Ordnung geschaffen werden.« (Douglas 1988, S. 15 f.)

Erst innerhalb solcher Ordnungen würden Phänomene zueinander in Bezug gesetzt und ihnen somit Bedeutung verliehen. Menschen stellten sich ihre Gesellschaft als von Trennlinien durchzogen vor, die anerkannt werden müssten. Diese teilten Menschen ein in solche, mit denen man verbunden sei, und solche, von denen man getrennt sei. Prostitution zählt nach wie vor zu jenem Bereich, der als das abgetrennte Andere erfahren und hergestellt wird. Im System moderner westlicher Gesellschaften, in dem Hygiene zum Schlüsselbegriff der Selbstbeschreibung avancierte (vgl. Sarasin 2001, S. 17), findet dieser Abtrennungsprozess sozial und räumlich über die Ordnungsmuster Sauberkeit und Dreck statt. Der Verdreckungserzählung kommt konstitutive Bedeutung zu, gerade weil Praktiken, Wissen und Technologien der Sauberkeit so zentral das »dis kursive Immunsystem dieser Gesellschaften« bilden (ebd.). Anders als jene Bereiche der Gesellschaft, die als das Allgemeine gefasst sind, ist die Prostitution (wie viele nicht auf Nachkommenschaft zielende Formen der Sexualität) von Erzählungen scheinbar erstaunlicher oder zu betonender Sauberkeit, von Waschritualen und Verdreckungssorgen eingekreist. Neben der und als Folie für die im vorigen Kapitel bereits beschriebene Deutung der Sexarbeit als gefühlsfreie Zone dient die Grenzziehung Sauberkeit/Dreck ebenfalls der Herstellung einer besonderen Sphäre der Prostitution. Während die meisten gesellschaftlichen Bereiche von der Frage nach Sauberkeit entlastet sind, weil diese schlicht vorausgesetzt wird, wird die Prostitution über die Diskursivierung als Milieu, in dem die Frage nach dem Schmutz sich permanent wie von selbst zu stellen scheint, als besonderes Milieu aus dem gesellschaftlichen Ganzen herauslöst.

Dabei ist Prostitution, also die Körper und die Räume, die prostitutiv eingesetzt werden, nicht nur potenziell dreckig, sondern mit dem Dreck wird gleichzeitig die Gefahr der Kontaminierung aufgerufen. Der Versuch vieler gesellschaftlicher Gruppen, soziale Distanz zur Prostitution zu wahren, zeigt sich in den eingangs geschilderten Aussagen, ein Buch über Prostitution könne nicht in derselben Reihe wie Kant erscheinen, Interviews mit Freiern, Huren, Bordellbetreibern und -betreiberinnen anzuhören sei unerträglich, ein Referat über Prostitution könne in der Kleinstadt nicht gehalten werden. Sie zeigt sich aber auch in rechtlichen Vorgaben, nach denen Bordelle nicht neben Schulen betrieben werden dürfen, und in der Tatsache, dass nach wie vor Sperrgebietsverordnungen erlassen werden. Wenn Prostitution in Wohngegenden stattfinden soll, entstehen regelmäßig Bürgerinitiativen, die dies zu verhindern trachten (vgl. Hubbard 1999, aber auch Sanchez 2003, Sanders 2004, Ashworth u. a. 1988). Im Frankfurter Bahnhofsviertel werden die Prostituierten durch das Verbot der Straßenprostitution in die Häuser verbannt, und auch auf diese Weise wird der Kontakt mit dem Thema minimiert.

Mary Douglas kommt in einem Vergleich unterschiedlicher Kulturen zu dem Schluss: »Wenn ein Mensch keinen Platz im sozialen System hat und daher in eine marginale Existenz gedrängt wird, scheinen alle Vorkehrungen gegen eine mögliche Gefahr von anderen getroffen werden zu müssen.« (Douglas 1988, S. 128) Durch die Einschreibung des Drecks in die Konstruktionsprinzipien der Prostitution wird – als habitualisierte Gewissheit über notwendige Abstandsleistungen – Distanz in das eigene Verhältnis zum Feld der Sexarbeit eingebaut, weil die diffuse Gefahr der Kontaminierung zu drohen scheint. Die Trennungslinie sauber/dreckig ist selbstverständlich immer hochgradig imaginär, weil sie von vielen Männern und den Sexarbeiterinnen täglich überschritten wird, dennoch funktioniert sie als Ordnungsprinzip erfolgreich. Dies zeigt sich gerade darin, dass alle Beteiligten Sorge vor Verunreinigung haben: die Prostituierten, die Kunden, die Distanz suchende Bevölkerung. Die Auswirkungen unterscheiden sich jedoch. Soziale Strukturen der Sortierung (städtische und persönliche Areale, die nicht unter der Sauberkeitsproblematik verhandelt werden, bei denen sich die Frage nach Dreck nicht stellt, und Areale wie insbesondere die Prostitution, die sich permanent zum Thema Sauberkeit verhalten müssen) legitimieren und provozieren räumliche Anordnungen. Diese Strukturen artikulieren sich in sozialen Abstandsfestlegungen wie der reflexartigen Abwehr ungewollter Konfrontation. Sie führen zuweilen zu Vermeidungsstrategien, etwa wenn Menschen bewusst nicht durch das Bahnhofsviertel gehen. Und nicht zuletzt perpetuieren sie auf subtile Weise einen Kreislauf. Aus Angst vor oder durch die Erfahrung der Stigmatisierung verbergen viele Sexarbeiterinnen und Bordellbetreiber/-innen ihre Tätigkeit, was es wiederum vielen Menschen jenseits des prostitutiven Feldes ermöglicht, die strukturelle Trennung ganz selbstverständlich zu praktizieren. Alltagspraktisch relevant wird die Grenzziehung zwischen sauber und dreckig vor allem für die Prostituierten und ihre Kunden: Mit den Waschungen und den Erwartungen an Körper- und Zimmerpflege, wie Freier sie artikulieren, entdramatisieren beide Seiten aktiv, dass der Prostitution Verunreinigung zugeschrieben wird. Auf eine trennende Struktur zweier Welten legt sich die Anforderung an das Körpermanagement, die Verunreinigungsgefahr abzuwenden.

Dies geschieht für Prostituierte/Kunden bzw. Frauen/Männer auf unterschiedliche Weise. Während Männer den Übertritt in die prostitutive Welt durch die ritualisierte Waschung bewältigen können, werden die Frauen als dieser Sphäre zugehörig wahrgenommen. Sie müssen, wenn sie erfolgreich gegen das Bild der Verdreckung agieren wollen, ihren Körper so präsentieren, dass jeder Verdacht hinfällig wird. Männer können insofern, als die Klassifikation als Abfall nur die Sexarbeiterinnen trifft, ohne Risiko auch schmutzig in die Bordelle kommen und tun dies manchmal auch, wie die Interviews zeigen. Männer können schmutzige Substanzen hinterlassen, Männerkörper können dreckig sein, aber an keiner Stelle wird dieser materielle Dreck auch zu einem symbolischen Ausdruck ihrer Person. Schmutzige Männer laufen zwar Gefahr, von Prostituierten als Kunden abgelehnt zu werden, und Männerkörper werden als zu reinigende eingeführt, doch nie scheint ihre Anwesenheit ähnlich vergiftend zu wirken wie die der Prostituierten in den Straßen von Bradford oder Birmingham. Insofern arbeiten Sexarbeiterinnen, indem sie »sehr gepflegt, sehr sauber« als Erscheinungsbild professionell herstellen, gegen die grundsätzliche Unreinheitszuweisung an – und zwar mit den Mitteln, die für Frauen naheliegend sind (vgl. Degele 2004; Bourdieu 2005): Sie ziehen symbolisches Kapital aus Pflege, Sauberkeit und Parfümierung. Im Besitz der Kontrolle über ihren Körper und ihre Räume, richten die Sexarbeiterinnen die Aufmerksamkeit auf die potenzielle Verschmutzung der Kunden. Mit dem Ritual des Waschens des männlichen Körpers gewinnen sie Kontrolle über Hygienestandards und Krankheitsgefährdung (soweit dies über Waschungen möglich ist) und bieten gleichzeitig den Freiern einen sanften Übergang vom Alltag in die Prostitution. Für diese wiederum ist das Angebot nicht störend, manchmal sogar verlockend: Als Entspannung und sexualisierter Beginn der Interaktion thematisiert, kann die Waschung auch symbolisch einen Anfangspunkt setzen, der die Dreckassoziationen zurückweist.

8.3 Das Projekt der Hygiene

Sexualität konstituiert sich wesentlich über Verschmelzungsfantasien (Gerhards/Schmidt 1992, S. 153). Als Heterosexualität gelebt, basiert sie auf sehr fundamentale Weise auf der Symbolisierung der Beziehung der beiden Genus-Gruppen zueinander. Sie braucht die Grenze zwischen den Geschlechtern, um »Vereinigung« erfahrbar zu machen. Sexualität ist damit immer schon in einem Feld von Grenzüberschreitung angesiedelt.[47] Historisch betrachtet, reagieren viele Gesellschaften auf die sexuelle Begegnung über die Geschlechtergrenze hinweg mit Verschmutzungsbefürchtungen. Relativ ausführlich wurde bisher sowohl der Umstand, dass die Sorge um die Reinheit der Frau tief in die symbolische Ordnung eingeschrieben ist,

47 Judith Butler (1991, S. 193 ff.) kann zeigen, dass sich auch männliche Homosexualität im Bild der Grenzverletzung, nun aber der Grenze zur Gesellschaft, konstituiert. Wahrscheinlich ist weibliche Homosexualität am wenigsten in der Konstruktion gegenseitiger Verunreinigung, aber damit auch am geringsten als Sexualität gefasst.

als auch die Sorge um die Verunreinigung des Mannes im Kontakt mit der Frau belegt (vgl. z. B. Burkert 1977; Waldner 1998). Die Reinheitserwartung an Frauen ist in verschiedenen Ausprägungen gerade für die monotheistischen Religionen herausgearbeitet worden (vgl. Braun/Mathes 2007) und findet in der Figur der Jungfräulichkeit als gelungene Unbeflecktheit ihren zentralen Ausdruck.

Für sehr unterschiedliche Kulturen lässt sich auch die Vorstellung nachzeichnen, Männer würden durch den Kontakt mit weiblichen Sexualsekreten verunreinigt (vgl. Lautmann 2002, S. 230). Douglas (1988) erklärt die weitverbreitete Angst vor einer Frau-zu-Mann-Verunreinigung analog zum Topos der kontaminierenden Wirkung von Unterprivilegierten, zum Beispiel im indischen Kastensystem oder in der kolonialen Erfahrung des Kontakts mit Afrikanern (vgl. Eckert 1996, S. 17), damit, dass die Struktur derartiger einseitiger Gefährdungen durch das andere Geschlecht als Ausdruck einer Hierarchie verstanden werden kann. Die schwächere soziale Position der Frau würde sich in der Fantasie niederschlagen, dass Frauen als soziale Gruppe verschmutzen. Radikaler noch ist die Deutung, dass die Forderung nach Reinheit als Strategie genutzt wird, um die Sexualität von Frauen und damit die Nachkommenschaft zu kontrollieren (Mullin 1996).

In der Moderne wird nun dieses Bedrohungspotenzial über die Konstruktion des legitimen Paars, zuweilen über die Figur der weiblichen Jungfräulichkeit abgesichert, reduziert.[48] Mi-

48 Die zeitgenössische Sexualsoziologie (zusammenfassend Löw 2008) thematisiert Verunreinigung als Aspekt der Konstruktion von moderner Sexualität kaum noch bzw. nur unter der Bedrohung tödlicher Infektion (Sigusch 2000, S. 229), sie fragt auch nicht nach den Ängsten und Sorgen vor Verunreinigung. Die meisten Jugendstudien berühren das Thema Sexualität nur peripher. Wenn Sexualität verhandelt wird, dann bleibt die Forschung meist seltsam distanziert, fragt nach der Anzahl der Geschlechtsakte oder dem Alter des ersten Geschlechtsverkehrs. Erzählun-

chel Foucault hat in *Sexualität und Wahrheit* ausführlich dargelegt, wie die hygienische und sexuelle Disziplinierung des Körpers einerseits sowie die Regulierung der Bevölkerung und die Biopolitiken legitimer Familienpolitik andererseits zwei Pole bilden, um die herum sich die sorgfältige Verwaltung des modernen Lebens organisiert (vgl. Foucault 1983, S. 166ff.). Das Projekt der Sauberkeits-, Sexual- und Gesundheitspolitik, das später unter anderem von Philipp Sarasin (2001) in seinen Konsequenzen beschrieben wurde, verweist die Prostitution auf eine Position im Devianten. Mit der Durchsetzung der Konstruktion des legitimen Paares mit legitimen Nachkommen und deren Verknüpfung mit Vorstellungen von Reinheit und Gesundheit rückt das prostitutive Paar strukturell notwendig in gefährliche Nähe zu Dreck und Kontaminierung.

Die Prostitution ist zwar eine etablierte gesellschaftliche Institution, aber sie ist auch in ein System der Verheimlichung eingebunden, das zum Teil mit Schuldgefühlen einhergeht, sowohl bei den sich prostituierenden Frauen als auch bei den Sex kaufenden Männern, die von »bösen Gewissensbissen« geplagt werden (vgl. Kapitel 7). Mit Douglas kann man annehmen, dass die Angst vor Verunreinigung sich auch und gerade dann artikuliert, wenn das Handeln unentdeckt bleibt. »Wo das Vergehen mit großer Wahrscheinlichkeit nicht von Menschenhand geahndet wird, werden gerne Verunreinigungsvorstellungen herangezogen, um das Fehlen anderer Sanktionen auszugleichen.« (Douglas 1988, S. 174)

Liest man die Interviews vor dem Hintergrundwissen um eine kulturelle Konstruktion der symbolischen Zuweisung von Prostitution als Gegenpart zur hygienisch als unproblema-

gen werden selten erbeten, und – was noch problematischer ist – es fehlen sozialwissenschaftliche Theorien, um die empirischen Einzelergebnisse deuten zu können (dazu auch Lewandowski 2004).

tisch gesetzten legitimen Paarbildung – im Sinne einer habitualisierten, symbolisch gewaltförmigen, selten bewusst getroffenen Zuweisung –, so erscheint die Betonung der Notwendigkeit sauberer Zimmer und die Charakterisierung der Prostituierten als gepflegt, manchmal auch als geduscht, auch als Strategie der symbolischen Eingemeindung, das heißt als Behaupten und Verteidigen des eigenen Handelns als hygienisch unbedenklich. Gleichzeitig belegt jedoch die Tatsache, dass diese Betonung so regelmäßig notwendig erscheint, die Gültigkeit der Trennungslinie trotz vielfältiger Liberalisierungsbemühungen. Moderne Gesellschaften haben Verunreinigungsvorstellungen weitgehend aus dem Religiösen gelöst und zu einer »Sache der Hygiene oder Ästhetik« gemacht (Douglas 1988, S. 52; vgl. auch Gleichmann 1979). Wenn sich nun die Trennlinie zwischen rein und unrein als Sortierungsprinzip nicht aufgelöst hat, sondern Felder wie die Prostitution unter dem permanenten Verdacht der Verschmutzung und Unreinheit stehen und diese sozial wie räumlich isoliert werden, dann verwundert es kaum, wenn Bordellbetreiber/-innen mit Maßnahmen zur Verbesserung der Hygiene reagieren, um ihre soziale Position zu verbessern.

Auch in den Interviews mit Bordellbetreibern und -betreiberinnen spielen Sauberkeit und Verschmutzung eine wichtige Rolle. Der Betreiber eines Laufhauses plädiert für eine Zertifizierung der Bordelle und für staatliche Hygienekontrollen, um auf diese Weise eine Angleichung an das Gaststättengewerbe zu erreichen: »Ich denke mal, das ist auch einfach so ein Schritt, der gegangen werden muss, um Kultur reinzubringen, die es dann auch ermöglicht, zu sagen, okay, wir haben Prostitution, ja, aber sie ist sauber.« (Bordellbetreiber O.) Auf fast programmatische Weise bringt der Betreiber zum Ausdruck, dass die Prostitution nur durch den Ausweise von Sauberkeit in die Sphäre der Kultur aufsteigen kann. Eine wichtige Strategie jener Betreiber/-innen, die gerade nicht die Nische, sondern Anerkennung suchen und aus der Platzierung im Devianten heraustreten wollen, ist vor dem Hintergrund symbolischer Zuweisungen konsequenterweise das Hygienehandeln. Zunächst durch Selbstkontrolle, langfristig jedoch – so die Hoffnung – mit offiziellen Zertifizierungen und Lizenzen ausgestattet, soll über Sauberkeit und Hygiene dem Schmuddelimage der Prostitution begegnet und damit die soziale Position verbessert, unter Umständen sogar die symbolische Grenze zwischen rein und unrein verschoben werden. Der zitierte Betreiber weiß, dass Sauberkeit und Seriosität nicht identisch sind. Für ihn führt der Weg der Prostitution vom Dreck jedoch über die Sauberkeit in die »ernsthafte« Berufstätigkeit. Seinen Satz über das »Kultur-Reinbringen« reflektiert er im Anschluss:

> »Sofern man das Wort sauber da überhaupt nehmen soll, ja? Also genauso wie seriös, also seriös ist übersetzt ernsthaft, ja, also wir haben eine ernsthaft betriebene Prostitution, ja? Die auch kontrolliert wird, ich finde Kontrolle nicht schlimm. Ich finde das nichts Schlimmes, wenn jeder weiß, dass er kontrolliert wird.« (Bordellbetreiber O.)

Sauberkeit ist eine assoziative Zuordnung, die zunächst naheliegend erscheint, die der Sprecher dann jedoch im Zuge der Reflexion selbst problematisiert. Betont werden soll ein Kontext der Reinheit, Seriosität und Ernsthaftigkeit. Sauberkeit bleibt aber die Fokussierungmetapher, wenn er kurz darauf betont:

> »Der Hintergrund ist ganz einfach der: Die Betreiber, die die Häuser ordentlich betreiben – dazu gehört einfach Hygienestandard, regelmäßige Reinigung, Realisierung des angebotenen Schutzes in Form von Personal und so weiter

> und so fort. Indem sie die Buden halt eben sauber halten! Und auch Steuerehrlichkeit, das kommt noch mit dazu, ja? Die sind immer im Hintertreffen. Und zwar immer hinter denen, die das [nur; d. Verf.] offiziell ordentlich machen. Die haben automatisch mehr Kosten.« (Bordellbetreiber O.)

Sauberkeit steht für Ordnung, Hygiene, Ehrlichkeit, Sicherheit. Als moralischer Anspruch an das eigene Handeln und auch als Suche nach Anerkennung artikuliert, trifft die Strategie dieses exemplarisch zitierten Betreibers den Kern des modernen Projektes. Er versucht, die Zuweisung an die Prostitution als das deviante Andere zur Sauberkeit zu verschieben, indem das Gewerbe selbst das Qualitätsversprechen Sauberkeit erfüllt. Um etwaige finanzielle Nachteile auszugleichen, hofft er, dass immer mehr Betreiber/-innen, das »auch kapieren« und der Wettbewerbsnachteil, der unter Umständen aus den Investitionen in Sauberkeit und Sicherheit entsteht, ausgeglichen wird bzw. die Zertifizierung sogar Wettbewerbsvorteile schafft. »Es muss«, betont er noch einmal,

> »alles ordentlich sauber sein, es muss also auch von diesem Image der Schmuddeligkeit weg, ja, also die Edelstahlsachen müssen blitzen und blinken, ja, das muss sauber riechen und so weiter, das ist der Trick an der ganzen Angelegenheit. Also dieses ganze Schmuddelgedöns da, was mich auch tierisch nervt, ja, muss ich ganz ehrlich sagen, muss dann weg, die Zimmer müssen noch mal komplett durchgestrichen werden.« (Bordellbetreiber O.)

Die Raumgestaltung der Laufhäuser im Bahnhofsviertel, insbesondere im halböffentlichen Bereich der Flure und Treppenhäuser, ist grundsätzlich eher funktional gestaltet. Es ist »Kachelarchitektur«, wie Herr O. es nennt. Das Signal ist auch hier Sauberkeit. Kacheln sind leicht zu reinigen.

> »Kachelarchitektur, wo du abspritzt und was weiß ich, also jetzt mit dem Wasser, ja? [lacht] Ich kann es nicht mehr sehen. Ich sage es Ihnen ganz ehrlich, ich kann es nicht mehr sehen. Ich finde es nur noch widerlich, ja? Das ist irgendwie so, so reduziert, aus meiner Sicht, das ist so reduziert, dass es auch nicht mehr akzeptabel ist.« (Bordellbetreiber O.)

Mit der Sinnüberlagerung von Hygiene und Sexualität kalkulierend, verweist der Sprecher darauf, dass sein Wortgebrauch des Abspritzens hier nicht sexuell (als umgangssprachlicher Ausdruck für ejakulieren) zu verstehen sei, dennoch wird gerade durch das Lachen ein sexualisierter Kontext eröffnet.

Das Reduzierte, das Kunden zuweilen in Bezug auf die prostitutive Sexualität beklagen (vgl. Kapitel 7), wird hier für die Innenraumgestaltung beanstandet. »Wenn wir«, schreibt Mary Douglas, »gegen den Schmutz ankämpfen, tapezieren, dekorieren und aufräumen, treibt uns nicht die Sorge, wir könnten andernfalls krank werden, sondern wir verleihen unserer Umgebung dadurch, daß wir sie unseren Vorstellungen angleichen, eine neuere, positive Ordnung.« (Douglas 1988, S. 13)

Auch jene Bordellbetreiber/-innen, die sich eine Legalisierung und Kontrolle über Zertifizierung wünschen, suchen in dem Sinne eine für sie neue, positivere Ordnung, als sie sich darum bemühen, die Prostitution aus der Position des Anderen herauszulösen und als Teil der Normalität zu etablieren. Sie erwarten, dass dies über Raumgestaltung mittels Hygiene und Ästhetik zu erreichen ist. Der Kampf der Bordellbetreiber um Hygienestandards ist ein Kampf, der die Klassifikation der Prostitution als Dreck bekämpft, indem Sauberkeit als räumliches Ordnungssystem etabliert wird. In der Tatsache, dass der Kampf überhaupt auf dieser Ebene geführt wird, zeigt sich sowohl die gesellschaftliche Auslagerung der Prostitution (der Versuch, Berührung zu minimieren, um Kontaminierung zu vermeiden) als auch der Versuch einiger Betreiber/-innen und Wirtschafter/-innen, die Grenzlinie zu überschreiten, indem moderne Hygienemaßnahmen geltend gemacht werden. Hygiene als Zauberwort der Moderne begründet so grundlegend das moderne Verständnis von Kultur, dass der Kampf um Anerkennung, das heißt der Versuch, die Konstruktion zweier Welten aufzubrechen, über Sauberkeitshandeln erfolgt. Zugespitzt bedeutet dies, dass die Prostitution und die »normale« Welt über die Trennlinie rein–unrein bzw. sauber–dreckig in eine soziale Ordnung gebracht werden. Diese Linie trennt in der allgemeinen Wahrnehmung die Prostitution als potenziell dreckig von der übrigen Gesellschaft. In einer modernen Gesellschaft, die Hygiene zu ihrer Selbstbestimmung nutzt, wird Prostitution über den Faktor Schmutz zum räumlich wie symbolisch ausgelagerten Anderen. Die Trennlinie rein–unrein bzw. sauber–dreckig zeitigt symbolische Effekte bei der Wahrnehmung der prostitutiven und der mit ihnen in Berührung kommenden Körper sowie materielle Effekte in Form von Hygienestandards. In der Konsequenz erscheint das Säubern als adäquate Strategie gegen die Ausgrenzung.

Zusammenfassend kann man sagen: In Frankfurt gibt es viele kleine Hinweise darauf, dass zumindest Teilsegmente der Prostitution »aus der Schmuddelecke« herausrücken (Freier I. und Polizist G.). Die *Frankfurter Rundschau* zum Beispiel gratuliert dem Bordellbetreiber Dieter Engel unter der Überschrift »Leben für den Puff« zum 70. Geburtstag mit einem Artikel. »Mit seinem Bordell ›Sudfaß‹ hat Dieter Engel einen Meilenstein im Frankfurter Rotlichtmilieu gesetzt …«, lobt der Journalist (FR 14. April 2007, S. 26). Werbeflyer der Eros-

Center konzentrieren sich mittlerweile auf die Charakterisierung des eigenen Handelns über Maßnahmen zu Sicherheit und zur Versorgung der Prostituierten, statt Sex und Abenteuer in den Mittelpunkt zu rücken. Auf diese Weise wird die eigene Seriosität und Kompatibilität zu nicht prostitutiven Lebenswelten in den Fokus gestellt.

Am deutlichsten wird die Normalisierung des prostitutiven Geschehens vielleicht an der neuen Institution der Bordellführungen (die in Frankfurt der Verein Dona Carmen organisiert), an denen, zumindest als wir sie besuchten, vor allem Frauen teilnahmen. Trotz zu beobachtender Annäherungen, die die Prostitution etwas alltäglicher, etwas integrierter erscheinen lassen, bleibt eine grundsätzliche Spannung erhalten: Solange alle Beteiligten sich sprechend/handelnd zu dem Verdacht verhalten müssen, Prostitution sei tendenziell verunreinigend, beschmutzend, kontaminierend, solange also Prostitution symbolisch dem Bereich des hygienisch Problematischen zugeordnet wird, so lange wird Waschen, Pflegen und Säubern von Verunreinigungsängsten nur begrenzt entlasten, so dass die Positionierung als das symbolisch Andere genau durch diese Handlungen erneut hergestellt wird.

Noch bleibt die prostitutive Sexualität also in der Verstrickung mit Unreinheit verhaftet, gerade weil diese nicht nur auf zum Teil fehlender Sauberkeit, sondern auch und viel fundamentaler auf moderner Biopolitik basiert. Im Sinne Pierre Bourdieus muss diese Wahrnehmung der Prostitution als das potenziell dreckige Andere als eine Form der Herrschaft und der Gewalt interpretiert werden, die sich gerade über kulturelle Selbstverständlichkeiten vermittelt (wie z. B. über die Vorstellung, Bordelle hätten neben Schulen nichts zu suchen). Es handelt sich um einen Zuschreibungsprozess, der als solcher wenig bewusst ist, der vielmehr auf einem stummen wechselseitigen Einverständnis beruht, das sich in den zahlreichen auf Sauberkeit bezogenen Handlungen und Redebeiträgen zeigt. Diese symbolische Gewalt ist, wie Bourdieu vielfach erläutert hat, der Schlüssel, um zu verstehen, dass trotz vielfältiger Veränderungen im Bereich der Praktiken und Werte die Grundstrukturen sozialer Ordnungen ein hohes Beharrungsvermögen aufweisen (z. B. Bourdieu 2005).

9. Täuschung? Inszenieren als Arbeit

»Für Kunden ist die Interaktion mit Prostituierten häufig kompliziert und unerfreulich, charakterisiert von einem hohen Maß an Misstrauen und Angst davor, betrogen zu werden.« (Collins 2004, S. 228, eigene Übersetzung[49]) Da Prostituierte hauptsächlich durch Gelderwerb zu ihren Handlungen motiviert seien, so führt der amerikanische Soziologe Randall Collins weiter aus, versuchten sie mit möglichst geringem Aufwand möglichst viel Geld zu verdienen. Dass man Prostituierten nicht allzu sehr vertrauen sollte, gehört zum diffusen Alltagswissen, das die Prostitution umgibt und sich in vielen Detailerzählungen äußert, von denen die über das »Falle-Schieben«, also das Vortäuschen vaginalen Geschlechtsverkehrs mit der Hand, symptomatisch sind, denn damit wird selbst ein Kernelement der Interaktion in der Prostitution unter Täuschungsverdacht gestellt.

Tatsächlich gibt es auch in unseren Interviews mit Freiern Hinweise auf Erfahrungen mit Täuschungen:

> »Den Fehler hat, glaube ich, jeder schon mal gemacht, an der Tür hat man dann französisch und Verkehr ausgehandelt und der Verkehr stellt sich dann nachher als ›Handwerk‹ heraus. Und man fragt nicht explizit nach, dass sich die Dame auszieht und dann: War nicht ausgemacht. Oder eben auch, es wird eine Falle geschoben.« (Freier N.)

49 »First: customers' interaction with prostitutes is often difficult and unpleasant, characterized by a high degree of distrust and cheating.«

Ähnlich klingt die folgende Beschreibung: »Bei meinem ersten Besuch bin ich abgezockt worden, muss ich dazu sagen. Da hab ich mich rein nur vom Äußerlichen blenden lassen, also wirklich nur blenden lassen. Und das ist völlig falsch. Ich geh heute ganz anders an die Sache ran« (Freier H.).

Dieses »Anders-an-die-Sache-Rangehen« heißt, dass Kunden Informationen, die sie von ihrer Gesprächspartnerin im Bordell erhalten, nicht nur unbewusst daraufhin überprüfen, ob Körpersprache und gesprochene Inhalte übereinstimmen, wie es im Alltag der Fall ist, sondern dass sie ganz gezielt versuchen, auf Täuschungsstrategien gefasst zu sein und daraus zu lernen. Das kann sich darin ausdrücken, dass der Körpersprache und der Ausstrahlung einer Frau besondere Aussagekraft beigemessen wird: »Und wenn eine Frau irgendwie an der Tür nicht offen wirkt, dann ist das für mich nicht interessant.« (Freier N.) Auch Raumgestaltungen werden besonders aufmerksam auf den symbolischen Ausdruck hin gelesen: »Die Wandgestaltung und Zimmergestaltung lässt auf den Charakter der Dame schließen [...]. Eine Frau, die viel Nippes drin hat, die verbringt viel Zeit in ihrem Zimmer, will sich selber wohlfühlen.« (Freier F.)

Es gilt also, in wenigen Sekunden, bestenfalls Minuten, zu entscheiden, ob man es mit einer Prostituierten zu tun hat, die offen ist und sich selber wohlfühlen oder – wie andere Kunden es beschreiben – »sich selbst voll ausleben« will (Freier D.), »ein bisschen Spaß dabei« hat (Freier E.), die sich natürlich verhält und sich nicht verstellt (Freier H.).

9.1 Den Körper lesen

Zu den Akteursgruppen, die der Soziologe Erving Goffman als »Normalfall« beschreibt – Akteure also, die den Eindruck erwecken, die notwendige Inszenierung jeder Handlung sei die eigentliche Realität –, gehören Prostituierte nicht:

> »Wenn der Einzelne eine Rolle spielt, fordert er damit seine Zuschauer auf, den Eindruck, den er bei ihnen hervorruft, ernst zu nehmen. Sie sind aufgerufen zu glauben, die Gestalt, die sie sehen, besitze wirklich die Eigenschaften, die sie zu besitzen scheint, die Handlungen, die sie vollführt, hätten wirklich die Konsequenzen, und es verhalte sich überhaupt alles so, wie es scheint.« (Goffman 1969 [1959], S. 19)

In der Prostitution ist die Interaktion oftmals von Versuchen geprägt, die Wahrheit zu überprüfen. Zur Wirkung gelangt hier eine Skepsis, die auch andere Berufsgruppen trifft, zum Beispiel Politiker/-innen (Kugler/Kurt 2007) oder Werber/-innen (Willems 2007, S. 212), denen man oft mit dem Eindruck begegnet, sie arbeiteten irgendwie mit Tricks. Prostituierte gehören zu jenen Gruppen von Menschen, denen man ihren Auftritt nicht unmittelbar glaubt, deren Berufsausübung also von Glaubwürdigkeitsproblemen gerahmt ist. Der Verdacht bzw. die Unterstellung, es werde manipuliert, getäuscht, unwahr gesprochen oder unaufrichtig gehandelt, begleitet die Interaktion: »Die Asiatinnen sind eigentlich relativ locker, die stehen nur da, machen ein schönes Gesicht, aber man mauschelt, dass es umoperierte Kerle sind« (Freier K.). Oder: »Die Hübschesten zocken am meisten ab!« (Freier H.)

Demnach bleibt dem Freier in diesem Handlungsrahmen nichts anderes übrig, als genau hinzusehen, hinzuhören und die Handlung auf Widersprüche zu überprüfen, will er weiterhin als ernsthafter Interaktionspartner wahrgenommen werden und sich selbst als solcher erfahren. Da die Meinung vorherrscht, man könne seine »Ausstrahlung« am wenigsten manipulieren und kontrollieren (Goffman 1969, S. 10; Raab 2006, S. 242), wird sie zu einem wesentlichen Gegenstand der Überprüfung, und zwar sowohl in der Phase der Annäherung als auch während der gesamten Interaktion. Manche, so führt ein Freier aus, »haben dann gar keine Lust, irgendwas zu machen oder tun sich weh dabei und manchmal sieht man es am Gesichtsausdruck, ja? Dass denen das gar nicht recht ist, und dann hab ich natürlich auch keinen Spaß.« (Freier E.)

So wie der Kunde anfangs die Körperhaltung auf eine offene Ausstrahlung hin befragt, liest er nun den Gesichtsausdruck, um herauszufinden, ob die Dienstleistung gern erbracht wird. Was nachgefragt wird, ist mehr als ein Sexualakt, der nur hält, was eingangs versprochen wurde. Damit es richtig Spaß macht, soll auch die Prostituierte positiv involviert sein und selbst Spaß haben. Damit wird ein kompliziertes Setting aufgerufen: Einerseits kann der Kunde einer Prostituierten nicht ohne Weiteres glauben, dass sie bei der Darreichung einer sexuellen Dienstleistung Lust empfindet, andererseits gibt er an, genau das glauben zu müssen, um nicht die Lust zu verlieren.

Ein Freier aus unserem Sample, der jahrelang Erfahrungen mit Prostitution gesammelt hat und nun seit drei Jahren einmal die Woche als Junggeselle zur gleichen Sexarbeiterin geht, erzählt über sie: »Sie ist eine Norwegerin. Kommt aus Oslo.« – »Ja«, bestätigt die Interviewerin. Dieses »Ja« reicht schon aus, dass der Freier sich aufgefordert fühlt, zu rechtfertigen und zu evaluieren: »Aber das stimmt, glaube ich. Das hört man auch am Akzent und so. Und auch naturblond ist sie. Also das seh ich, ja? Das passt schon mit der Norwegerin.« (Freier D.) Im Falle dieses Freiers bleibt das Wissen über die Person der Prostituierten zwar ungesichert, aber wahrscheinlich. Er selbst führt es darauf zurück, dass seine Kenntnisse sich auf einen sehr speziellen Bereich ihrer Handlungen beziehen: »Ich weiß nicht, wie sie im Privatleben so ist. Ich kann es mir vorstellen, aber da gibt sie nicht so viel preis. Da müsste ich sie erst näher kennenlernen. Ob sie gut kochen kann oder so – ist nur ein Beispiel –, keine Ahnung. Das sind Sachen, die weiß ich nicht.« (Ebd.) Halbwegs gesicherte Informationen hat er nur über ihren Körper (»Alles echt am Körper«) und über ihr Verhalten in der prostitutiven Sexualität. »Sie ist voll bei der Sache. Sie lebt das selber voll aus. Sie guckt jetzt nicht da genau auf die Uhr. Also wie sie lebt, das weiß ich jetzt nicht genau. Wir erzählen schon, ja? Auch so ein bisschen vom privaten Bereich, aber wie sie lebt und in welchen Verhältnissen, das gibt sie natürlich nicht preis.« (Ebd.)

Dass es ein Privatleben gibt, das »natürlich nicht« preisgegeben wird, ist unhinterfragte Selbstverständlichkeit. Es wird akzeptiert, dass die Prostituierten Informationen kontrollieren, die über die prostitutive Interaktion hinausgehen, um so den Kontakt zu regulieren und einzuschränken. Eine nachvollziehbare Übereinstimmung von Person und Inszenierung gibt es für diesen Freier nur in der Sexualität, also in der gemeinsamen Praxis, für die er Zeugnis ablegen kann. Hier nimmt er an, dass sie sich »voll auslebt«.

Andere Freier sind überzeugt, das eigene Feingefühl sei gut genug ausgebildet, um zu spüren, ob ihnen in der Sexualität etwas vorgespielt wird, und glauben, dass sie diese Fähigkeit von vielen anderen Männern unterscheidet:

> »Ich sage mal so, ein bisschen Feingefühl haben auch Männer, die in den Puff gehen. Ich merke doch eigentlich schon, wenn jemand mir was vorspielt. Also, ich, ich schon. Es gibt viele, Tausende, die das nicht merken, die's nicht blicken. Aber ich halte mich für so jemanden; das ist so eine gewisse Erfahrung. Ich kriege dann schon mit, da ist irgendwie was, was nicht so läuft, wie es laufen sollte.« (Freier H.)

Andere wiederum sind sich selbst da nicht so sicher, »weil sich viele halt eben auch verstellen« (Freier E.). Für diesen Herrn ist es wichtig, dass eine Prostituierte sich »Mühe gibt«, eine glaubhafte Darstellung zu präsentieren: »Es gibt halt welche, die legen sich nur hin, und dann kann man den Rest machen. Das macht auch keinen Spaß, ja? Dann kann man wieder gehen. Und andere sind [...] also gut, die geben sich richtig Mühe, und dann macht es auch mehr Spaß.« (Ebd.) Er erwartet, dass Sexarbeiterinnen »versuchen, sich mit der Rolle, die sie da spielen, zu identifizieren, und das nicht nur machen, weil sie's müssen, sondern weil sie vielleicht auch ein bisschen Spaß dabei haben« (ebd.). Selbst wenn dieser Kunde betont, dass Prostituierte eine Rolle spielen, sich Mühe geben, eine Dienstleistung erbringen, so kommt doch auch er zu der Annahme, dass freiwillig erbrachte Handlungen und die Identifikation mit der Rolle dazu führen, dass auch die Anbieterinnen »Spaß dabei haben«. Auch er artikuliert die Erwartung, dass sein Mehr-Spaß-Haben mit ihrem zumindest Ein-*bisschen*-Spaß-Haben korrespondiert, formuliert seine Annahme aber eingeschränkter und vorsichtiger.[50]

Wenn nun die Kunden in der Regel in der Prostitution nicht nur eine technische Handlungsabfolge suchen, sondern eine eigene Luststeigerung angesichts der erfahrenen Lust oder wenigstens des erfahrbaren Spaßes der Sexualpartnerin erleben, gleichzeitig jedoch das Gewerbe wenig moralischen Kredit hat, da es im Ruf steht, dort werde mit Tricks und Betrügereien gearbeitet, dann fühlen sich die Kunden darauf angewiesen, die Zeichen des Körpers lesen zu können. In der Ambivalenz zwischen Skepsis aufgrund des Wissens um den Verkaufscharakter

50 In der Anforderung, dass auch die Prostituierte Freude an der bezahlten Sexualität haben soll, handeln Freier nach dem derzeit verbreiteten Grundsatz für sexuelle Praxis allgemein, dass erlaubt ist, was konsensuell verhandelt wurde und beiden gefällt (vgl. Schmidt 2005).

sowie der Täuschungsrahmungen und dem Wunsch, vertrauen zu wollen, um die eigene Lust zu steigern, richten die Kunden ihre Konzentration auf körpersprachliche, räumliche und atmosphärische Zeichen. Für die Prostituierten ergibt sich daraus die Notwendigkeit, ebendiese Zeichen zu schaffen.

Anders als Randall Collins annimmt, ist Sexarbeit – selbst wenn sie vornehmlich auf Gelderwerb zielt – mit geringem Aufwand selten ökonomisch erfolgreich zu betreiben. Die Aufgabe, vor der die Prostituierten stehen, ist es, die Zeichen ihres Körpers so zu präsentieren, dass sie – unabhängig davon, ob sie Lust empfinden, Spaß haben, dem Gast positiv und offen gegenüberstehen – so wirken, als wären sie dem Freier zugewandt.

Dies ist gerade deshalb eine komplizierte Herausforderung, da sie dabei nur in geringem Maß Vertrauen dadurch aufbauen können, dass sie ihre Persönlichkeit in die Waagschale werfen. Denn anders als zum Beispiel Politiker/-innen, die Person und Persönlichkeit zeigen müssen, um gewählt zu werden, und auf diese Weise versuchen, dem Täuschungsverdacht mit Vertrauen in ihr Individualitätsprofil zu begegnen (vgl. ausführlich Kugler/Kurt 2007, S. 153), verschweigen viele Sexarbeiterinnen persönliche Details. Umgekehrt erwarten und verstehen viele Kunden, dass Prostituierte ihre Privatsphäre schützen wollen, und zweifeln sowieso private Informationen häufig an: »Und selbst wenn sie sich dazu äußern [warum sie der Prostitution nachgehen], weiß man nicht, ob es wahr ist« (Freier F.). »Die behauptet allerdings, sie sei verheiratet. Aber ich denke mal, dass das eine Schutzbehauptung ist.« (Freier D.)

Die unverwüstliche Alltagshypothese, der zufolge Menschen in unterschiedlichen Lebensphasen und Lebenslagen zwar immer wieder anders handeln, aber niemals ein anderer sind (vgl. Soeffner 2004, S. 241), gilt für die Prostitution nicht so eindeutig. Vielmehr wird oft angenommen, dass Prostituierte in einer

Rolle handeln, die sie nicht sind. Anders als bei den zu Beginn angesprochenen Tricks wird der Täuschung über die eigene Person jedoch Verständnis entgegengebracht. Gerade vor der Folie, dass Prostitution als das Andere zur Normalität entworfen wird, als eine ganz eigene Welt, erscheint es legitim, dass Prostituierte Schutzbehauptungen entwickeln oder durch Darstellungsqualitäten eine Person erschaffen, von der man nicht annehmen kann, dass sie authentisch ist. Diese unterstellte Herstellung einer künstlichen Identität beginnt bereits mit dem Namen: »Der Name stimmt mit Sicherheit nicht. Das sind ja bestimmt alles Künstlernamen hier.« (Freier D.) »Ich glaube nicht, dass jede dritte Frau Sandy heißt oder so.« (Freier N.) »Hast du mit deinem echten Namen gearbeitet?«, fragten wir eine Sexarbeiterin. »Das hätte ich gemacht, aber es gab schon eine Dagmar, deswegen, zwei Dagmars in einem Haus, das ist ungünstig.« (Prostituierte D., Name geändert) Da also die Person nicht oder nur in geringem Umfang zur Verifizierung der Darstellung herangezogen werden kann, liegt der Erfolg der Arbeit wesentlich im Hervorbringen eines körperlichen Ausdrucks. An den Schilderungen des Scheiterns der sexuellen Interaktion (falscher Gesichtsausdruck, hat sich nicht genug Mühe gegeben) – wobei Scheitern hier nur meint, dass der Kunde nicht zufrieden ist – kann man erkennen, wie weitgehend Prostituierte ihren Auftritt kontrollieren müssen, um als jene wahrgenommen zu werden, die Spaß bereiten und Spaß haben.

9.2 Die Bedingung der Möglichkeit sinnlicher Erfahrung

Was von Prostituierten erwartet wird, ist, dass sie eine Inszenierung präsentieren, das heißt eine intentionale szenische Darbietung, die auf die sinnliche Wahrnehmung des konsumierenden Kunden zielt und die dabei den Freier in einer Weise adressiert, dass die Darstellung nicht als Inszenierung wahrgenommen wird (vgl. zum Inszenierungsbegriff Fischer-Lichte 2003, S. 41 ff.; dies. 2004, S. 15; Seel 2001, S. 49). Wie die Schauspieler im Theater, denen man allerdings die Inszenierung anmerken darf, müssen Sexarbeiterinnen dazu ihren Körper einsetzen und ihren Raum gestalten. Ihre Aufgabe besteht in der performativen Hervorbringung eines Kontextes, der Lust nicht behindert, sondern fördert. Da nun Prostituierte unter Täuschungsverdacht stehen, ferner angenommen wird, dass es bei den Frauen um Gelderwerb und nicht um Lustgewinn geht, ist die Darstellung immer ein Kampf um Glaubwürdigkeit. Erschwert wird die Darstellung darüber hinaus dadurch, dass ein notwendig verborgenes Privatleben angenommen wird, das die Prostituierte nur als Arbeitende, nicht als Privatperson in Erscheinung treten lässt, Sex aber als private Tätigkeit klassifiziert wird.

Wer nicht bereit ist zu glauben, dass das, was man spürt, stimmt, kann mit der Prostitution wenig anfangen. Ein Anwohner des Bahnhofsviertels erläutert seine Vorstellung vom prostitutiven Umgang wie folgt: »Diese Prostituierte, die muss gefallen, die muss auch taktieren, das gehört zu ihrem Spiel, die kriegt Geld dafür, dass sie signalisiert, ›gerade im Moment ist es überhaupt das Tollste, was ich erlebe.‹« (Anwohner B.) Für ihn, sagt er, würde das »nicht funktionieren, weil sie macht ja nur so, als ob« (ebd.).

Die Kunden unterscheidet von dem Anwohner, der nicht zur Prostituierten gehen will, dass sie bereit sind, einer glaubwürdigen Inszenierung zu folgen: »Ich stehe eher auf das Natürliche, also das sollte nicht zu übertrieben sein, die Darstellung, weil dann wird es unglaubwürdig.« (Freier H.)

Das prostitutive Setting ist so angelegt, dass Inszenierungsdruck und Inszenierungserwartung bei der Prostituierten liegen. In keinem Interview wird reflektiert, ob der Eindruck, den ein Freier erweckt, ernst zu nehmen ist. Nur an einer Stelle schildert ein Kunde: »Und bei der letzten, die hat mich gefragt, ob sie zu weit ist und ob ich sie attraktiv finde und so. Und da hab ich ihr halt schon gesagt, was sie hören wollte.« (Freier K.) Der Kunde wird durch die Nachfrage in die Situation gebracht, eine Leistung zu erbringen, die sonst bei der Sexarbeiterin liegt, nämlich das Wohlbefinden zu steigern: »Aber die müssen dem schon immer bestätigen, dass er gut ist und dass er sowieso nett ist, dass er ihr es gut gemacht hat.« (Prostituierte B.) Für Frau B. ist es ein großes Kompliment für eine Kollegin, wenn sie sagt: »Die gibt jedem das Gefühl, dass er aber der Einzige sei, der hierherkommt.« (Ebd.) Eine andere Prostituierte betont, dass es sich bei dieser Leistung der Prostituierten nicht um eine persönliche Kompetenz herausragender Sexarbeiterinnen handelt, sondern um ein erlernbares Regelwerk:

> »Als ich dann angefangen habe, als Prostituierte zu arbeiten, da weißt du ja erst mal, du stellst dich halt da hin und denkst halt, ›na ja, gut, du hast schon viele sexuelle Kontakte gehabt, und irgendwie wird das schon gehen‹. Aber dass es da halt einfach auch Regeln gibt und eine Ausbildung und dass man halt dann wissen muss, wie man was macht, um halt auch so viel Geld wie möglich damit zu verdienen, das weiß man halt am Anfang noch gar nicht. Und da waren halt dann die anderen Frauen da, die mir das einfach erklärt haben, dass man zum Beispiel auch nicht zu viel macht. Also, dass man quasi so standardisierte Dienstleistung macht und aber nicht darüber hinausgeht. Also wenn man sagt, irgendwas kostet 50 Euro, dann kostet das auch 50 Euro und das kostet dann nicht nur fünf oder dann macht man nicht doppelt so viel dafür, weil das ja dann auch zum Selbstschutz ist. Und ich selber habe eigentlich diese Regeln, diese ganz strikten Regeln, die es

da gab, wirklich als Schutz empfunden, weil ich dann manchmal dachte, ach, so außerhalb, also so im Privaten, da gibt es zum Beispiel diese Regeln nicht und da muss man ja manchmal gucken, wo man selber bleibt. Also das heißt, wenn der andere was will und man selber was will, dann muss man ja dann manchmal so schauen, dass man auf seine Kosten kommt und da war halt dieses Regelsystem, was einen auch sehr geschützt hat.« (Prostituierte D.)

Die Sexarbeiterin hat zu Beginn ihrer Tätigkeit erfolgreiche Prostituierte – das heißt Prostituierte, die von vielen Freiern regelmäßig aufgesucht wurden – dabei beobachtet, »wie machen die das dann, wie gehen die mit dem Gast um, wie fassen sie ihn an und was sagen die so und was gibt es dann so für Spielarten« (Prostituierte D.). Frau D. beschreibt in dieser Passage, dass Handgriffe, Sätze und Praktiken erlernbar sind, die auf unaufwendige Weise die Inszenierung gelingen lassen. Prostituierte stehen heute mehrheitlich nicht mehr unter dem Verdacht, hysterisch, nymphomanisch oder schlicht moralisch verdorben zu sein (vgl. Sarasin 2001, S. 586 ff.; Grenz/Lücke 2006, S. 11).[51] Prostitution ist eine berufliche Tätigkeit – so eine verbreitete Einschätzung –, welche keine Rückschlüsse auf den Charakter einer Person zulässt. Frauen *arbeiten* in der Prostitution, manchmal auch als Nebentätigkeit: »Die haben alle noch einen normalen Job. Die eine ist am Flughafen, die eine ist bei IKEA.« (Prostituierte B.)

Ihre Arbeit, so zeigt sich nun, besteht nicht darin, einen Schein zu produzieren, sondern sie lassen unter Einsatz ihres Körpers *sinnliche Erfahrung möglich werden*. Ihre Darstellung ist nicht das Gegenteil einer authentischen sexuellen Praxis,

51 Vgl. Kapitel 5, in dem gezeigt wird, dass auch in den fünfziger und sechziger Jahren noch die Vorstellung prägend ist, dass Prostituierte arbeitsscheu und wenig pflichtbewusst sind.

sondern über die Inszenierung wird sexuelle Praxis im Kontext der Prostitution möglich. Was selbst in den meisten Dienstleistungsbranchen unmöglich durchzusetzen wäre, die Anforderung, unter anderem Namen zu arbeiten, weil schon eine Kollegin mit gleichem Namen dort arbeitet, scheint in der Prostitution praktikabel, weil es der Prostituierten nicht darum geht, ihrer Persönlichkeit Ausdruck zu verleihen, sondern – so sie einen professionellen Anspruch hat – darum, sexuelle Erfahrungen der Kunden zu ermöglichen.

Dies bedeutet nicht, dass Spaß und Lust für Prostituierte prinzipiell ausgeschlossen sind. Wie wir bereits in Kapitel 7 dargelegt haben, sind Spaß, Lust oder gar Gefühle von Liebe im Umgang mit Kunden durchaus möglich. Die finnische Soziologin Anna Kontula, gleichzeitig Vizepräsidentin der Organisation SALLI (United Sex Professionals of Finland), hat in 25 qualitativen Interviews sexuelle Erregung und Lust bei Prostituierten untersucht (Kontula 2008). Sie argumentiert, dass in vergleichsweise reichen Ländern in dem Segment der legalen Prostitution (um das es auch in diesem Buch geht) Prostituierte immer auch eine Entscheidung *für* diesen Beruf treffen, weil staatliche Hilfe oder andere Arbeitsmöglichkeiten (Fabrik, Reinigungsfirmen) als alternative Option bereitstünden. In ihren Interviews mit in Finnland arbeitenden Prostituierten unterschiedlicher ethnischer Herkunft findet sie, allgemein gesprochen, dass Vergnügen oder auch Orgasmen während der prostitutiven Sexualität keineswegs den Prostituierten unbekannt sind. Allerdings sind die Routinen, nach denen die Frauen sexuelles Begehren privaten und beruflichen Mustern zuordnen, sehr verschieden. Während die einen mehr Lust in der kommerziellen Sexualität empfinden, weil sie diese durch die Bezahlung als höher wertgeschätzt erleben, fühlen andere sich in der Sexarbeit zunächst und in erster Linie für die Lust der Klienten zuständig und schildern als Kompensation selbstbezogene Verhaltensmuster in der privaten Sexualität (vgl. ebd., S. 609). Keine der Prostituierten ist jedoch in der Lage und willens, in jede sexuelle Interaktion mit dem gleichen, auch persönlichen Engagement zu gehen. Dennoch hängt der Erfolg ihrer Arbeit davon ab – da es sich um einen wesentlichen Teil der in der Sexarbeit zu erbringenden Leistung handelt –, ob es der Prostituierten gelingt, den Kunden ein Gefühl von lustvoller Involviertheit und persönlicher Ansprache zu geben, auch dann, wenn sie selbst einen schlechten Tag hat.

9.3 Eine richtig inszenierte Szene

»Eine richtig inszenierte und gespielte Szene veranlaßt das Publikum, der dargestellten Rolle ein Selbst zuzuschreiben, aber dieses zugeschriebene Selbst ist ein Produkt einer erfolgreichen Szene, und nicht ihre Ursache.« (Goffman 1969, S. 231) Eine richtig inszenierte Szene in der Prostitution lässt nicht – wie für den Alltag von Goffman beschrieben – eine Persönlichkeit entstehen, sondern stellt performativ sexuelle Lust her (zumindest beim Kunden, aber nicht immer nur beim Kunden). Mehr noch: Der Freier fühlt sich dann persönlich willkommen. »Also, ich habe mich selten so gefühlt, als sei die Frau froh, wenn man wieder draußen ist.« (Freier I.) Wenn die Inszenierung misslingt oder verweigert wird, dann entsteht eine Leerstelle in der persönlichen Ansprache, wie sie folgender Kunde kritisiert: »Nummer sieben fertig am heutigen Tag, mach Platz für die Nummer acht.« (Freier F.)

In der Dienstleistungsforschung wird diese Leistung von Arlie Russell Hochschild (z. B. 2003) als *emotion work* beschrieben. Gefasst wird darunter der kontrollierte Ausdruck von Gefühlen aus Gründen, die sich auf Unternehmensziele beziehen. Der Begriff wird auf die Arbeit von Pädagoginnen,

Flugbegleiter/-innen und Prostituierten gleichermaßen angewendet (vgl. zur Prostitution als *emotion work* Agustin 2003; Chapkis 1997). Während Hochschild stärker den Zwang betont, der aus den Gefühlsregularien erwächst, also die Unterdrückung oder Modifizierung *eigener* Gefühle zu Unternehmenszwecken, sieht Kontula eher die Chancen, die die relativ eigenständige Arbeit in der Prostitution zur Entwicklung eigener Lustgefühle, aber auch zur eigenständigen Kontrolle von Nähe und Distanz bietet. Dieser Widerspruch zwischen der Unterwerfung unter Marktgesetze und den eigenen Gestaltungsmöglichkeiten löst sich auf, wenn die Arbeit der Prostituierten in einer Weise als Inszenierung verstanden wird, in der weder die Vorstellung des »Nur-Gespielten« noch das Gegenbild des »Sonst-Authentischen« aufgerufen wird. Inszenierungsarbeit ist die Herstellung von sinnlicher Erfahrung anderer, ohne dass Rückschlüsse auf die eigene Erfahrung dadurch möglich sind. Man kann in der Inszenierung Lust empfinden, man muss jedoch nicht. Entscheidend ist, dass man ein Raum-Körper-Arrangement herstellen kann, das jenseits der eigenen Gefühlslandschaft Wirkung entfaltet.

Da die Freier eher Publikum als Schauspieler sind, zwar aktiv, aber nicht mit Inszenierungsauftrag agieren, erwarten sie von sich selbst nur, dass sie sich als glaubhafte Mitspieler in der Interaktion bewähren, dass sie also in der Lage sind, zwischen Täuschung und Wahrheit annähernd unterscheiden zu können. Manche bemühen sich, ihre Einsicht in die Grenzen des Wissensmöglichen zu betonen. Das kann sehr allgemein als Einsicht in die Inszenierung formuliert sein, wie zum Beispiel in folgendem Statement: »Als Freier, als Kunde habe ich im Prinzip nie die Möglichkeit hinter die Kulissen zu gucken« (Freier N.), oder aber – wie oben dargestellt – als feinsinniges Erspüren der Wirklichkeit interpretiert werden. Prostituierte dagegen müssen eine dem Schauspiel vergleichbare Leistung erbringen, dürfen sich dabei aber nicht bei der Inszenierungsarbeit ertappen lassen.

Seit vielen Jahren wird in vielen Ländern der Welt darüber gestritten, ob Prostituierte eine Ausbildung benötigen. Wesentliches Argument hierfür ist, dass der Wissenstransfer in der Generationenfolge nicht mehr gewährleistet sei. Gerade Frauen mit Migrationshintergrund, die als Selbständige in der Sexarbeit ihre Dienste anbieten, wissen häufig nur wenig über rechtliche, gesundheitliche und praktische Belange im Aufnahmeland. Ausbildungsprogramme, oft zunächst nur als mehrwöchige Einstiegshilfe konzipiert, sehen demzufolge Steuerrecht, Strafrecht und Arbeitsrecht ebenso vor wie Körperpflege, Krankheitsvorsorge, ferner Unternehmensführung, Finanzkalkulation und Kundenwerbung. Sinnvoll wäre es, ein solches Programm durch Schauspielunterricht, Dramaturgie und Innenrauminszenierung zu ergänzen.

10. Herstellungsweisen einer anderen Welt: Resümee

Trotz ihrer Legalisierung ist die Prostitution in Deutschland nach wie vor ein ausgegrenztes und wenig anerkanntes Feld des Sozialen. Sie im Rahmen einer Feldforschung zu untersuchen, wie wir es getan haben, heißt, sie als einen spezifischen Handlungs- und Sinnkontext unserer Gesellschaft zu verstehen, den es sozialwissenschaftlich zu durchdringen gilt. Felder können als Organisationsformen von Handlungs- und Sinnrelationen verstanden werden (vgl. Bermes 2006). Sie sind keine Territorien, auch wenn sie sich gegenständlich-materiell realisieren. Im Vordergrund steht die Einsicht, dass in einem Beziehungsgefüge, das räumliche und geschlechtliche Anordnungen mit sich bringt, auf spezifische Weise Sinn evoziert wird. Die Prostitution als Feld zu begreifen bedeutet methodologisch, dass der Raum und die räumlichen Anordnungen der Prostitution das Soziale nicht einfach umschließen, sondern selbst in sozialen Prozessen produziert werden – und auf diese zurückwirken. Dasselbe gilt für die Kategorie Geschlecht, die ebenfalls erst im sozialen Prozess hergestellt wird. In der Untersuchung rückten wir die Sinnbildungen in den Vordergrund, die das Feld und seine Einbindung in die Gesellschaft bestimmen. Daneben kommen auch normative, das heißt das Feld der Prostitution regelnde Ordnungsvorgaben sowie Interaktionsmuster zwischen den Akteuren und Akteurinnen in den Blick. Alle Aspekte werden auf räumlich und geschlechtlich vergesellschaftende Dimensionen befragt.

Prostitution ist nie nur aus sich heraus zu verstehen, sondern stets eingebunden in ein komplexes Zusammenwirken gesellschaftlicher Strukturen und Diskurse. Als soziale Konstrukte und damit »historische Produkte der Aktivität von Menschen« sind »Sinnwelten« grundsätzlich offen, dynamisch und wandelbar (Berger/Luckmann 1998, S. 124). Die Geschwindigkeit der Veränderung konnten wir an der Frankfurter Prostitution nachzeichnen. In den letzten 50 Jahren hat sich das Feld in vieler Hinsicht verändert, gleichwohl bleiben grundlegende Sinnbildungen erhalten. Wir haben es heute mit einer widersprüchlichen und erklärungsbedürftigen Situation zu tun: Trotz verstärkter Akzeptanz für und Offenheit gegenüber dem Feld, wie sie nicht zuletzt im neuen Prostitutionsgesetz sichtbar werden, verändert sich die Sinnwelt Prostitution kaum: Wahrnehmung und Deutung weisen ein ausgeprägtes Beharrungsvermögen auf, dem die sozialwissenschaftliche Forschung bisher eher mit offenen Fragen als mit Antworten gegenübersteht. Aus den Beziehungen zwischen den beteiligten Akteursgruppen – etwa Prostituierten, ihren Kunden, Bordellbetreiber/-innen, Wirtschaftern, Beratungsstellen, Behörden der Stadt und des von uns primär betrachteten Frankfurter Bahnhofsviertels mit seinen Anwohner/-innen, die wir im direkten Kontakt, in der Beobachtung und auch in Medienanalysen untersuchten – lassen sich zentrale sinnstiftende Diskurse und Handlungspraxen kondensieren, die aufeinander verweisen, aber nicht miteinander identisch sind. Um das Feld zu verstehen, konzentrierten wir uns auf jene Stränge der Erzählungen und auf jene Beobachtungen, in denen sich eine relationale Bezogenheit der Personengruppen abzeichnet; wir analysierten also nicht einzelne Gruppen mit ihren Motiven und Biografien.

Wir fokussierten den Blick auf die Konstitution von Räumen, die wir gleichsam als Knotenpunkte in der Produktion von Sinnrelationen ansehen. Wenn soziale Güter in ihrer Materialität und Platzierung durch Syntheseleistung zu kollektiv nachvollziehbaren Räumen werden, dann sind diese als relationale Gebilde durchzogen von gemeinsamen Sinnkonstruktionen. Räume entstehen aber nicht nur in diesen feldspezifischen Sinnkontexten, sondern sie tragen den Sinn auch weiter, wirken an der (Re-)Produktion des Sozialen mit, wie sich an der bisher in der Forschung kaum beachteten räumlichen Verlagerung der Handlungskontexte von Sexarbeit in das Innere geschlossener Häuser zeigt. Die in Frankfurt von 1960 bis 1990 beobachtbare Entwicklung einer sukzessiven Verhäuslichung der Prostitution – welche sich als eine Tendenz auch europaweit feststellen lässt – verändert sowohl das Feld selbst als auch den öffentlichen Raum der Stadt.

Hier zeigt sich deutlich, dass das Feld der Prostitution keine für sich allein stehende Einheit ist, sondern dass es in der Feldlogik stets ein Außen gibt, das – sofern es sich um subkulturelle Felder handelt – häufig als *die* Gesellschaft imaginiert wird. Konstitutiv für die Identifikation eines Praxisbereiches als Feld ist, dass dort Handlungen auf eine Weise sinnhaft werden, die sie von anderen Bereichen unterscheidet. In der Soziologie unterscheiden wir Feldlogiken, die funktional differenziert werden, zum Beispiel die der Felder Bildung, Ökonomie, Religion, Recht, oder aber Feldlogiken, die entlang dem Muster »Wir und die Anderen« gewebt sind. Solche Logiken sind in der Regel mit einer Außenseiterposition verknüpft, die innerhalb wie außerhalb des Feldes akzeptiert und reproduziert wird. Norbert Elias und John Scotson haben diese Konstellation als »Etablierten-Außenseiter-Figuration« beschrieben (Elias/Scotson 1993).

Auch die Prostitution folgt diesem Schema. Sie wird (von außen) erfahren und gesetzt als eine andere Welt, jenseits der Normalität und wenig anerkannt. Dies zeigt sich besonders deutlich an den in Bezug auf die Prostitution bisher kaum untersuchten Emotionen, die – verstanden als soziokulturelle Codes – wesentlich zur Regelung und Ordnung des Sozialen allgemein und eben auch der Prostitution beitragen. Deutlich gemacht werden kann hier, dass in der Prostitution zwar zuweilen als negativ assoziierte Gefühle vermutet (z. B. als Reaktionen der Prostituierten auf ihre Tätigkeit) oder auch erlebt werden (z. B. wenn Orte der Prostitution in besonderem Maße Angst auslösend wirken), als positiv klassifizierte Gefühle, insbesondere Liebe, jedoch mehr oder weniger kategorisch ausgeschlossen werden. Weder sozialwissenschaftliche Definitionen, wie »Sex gegen Geld« noch Selbst- und Fremdbeschreibungen prostitutiver Sexualität jenseits von Roman und Film lassen die Vorstellung zu, Zuneigung, gegenseitige Lust, Verliebtheit oder Vertrautheit hätten in der prostitutiven Sexualität einen Platz. Über die überwiegende Assoziation der Prostitution mit negativen Gefühlen und die gleichzeitige Tabuisierung und Ausgrenzung von positiven Gefühlen aus dem Feld wird dieses in besonders effektiver Weise als das Andere der nicht prostitutiven Sexualität gesetzt. Da sie »mit Liebe nichts zu tun hat«, lässt sich Prostitution sowohl als unmoralisch skandalisieren als auch – so paradox es klingt – als wenig ernst zu nehmender sozialer Bereich abtun. Da die Prostitution nicht mit (positiven) Emotionen einherzugehen scheint, kann sie als eine Institution neben der romantisch gerahmten Ehe bzw. partnerschaftlichen Beziehung bestehen bleiben, weil sie aus dieser Perspektive eben *nur* Prostitution ist und damit für das emotionalisierte und somit als besonders empfundene Beziehungsgefüge weniger bedrohlich erscheint.

Bekannt ist, dass die Konstruktion von zwei Welten für die als anders klassifizierten Personengruppen in der Regel stigmatisierende Effekte hat. Im vorliegenden Buch zeigen wir (für die Stadt Frankfurt am Main) auf, wie solche stigmatisierenden Anders-Setzungen im Feld der Prostitution durch (ortsbezogene) Handlungspraxen sowie Wahrnehmungs- und Syntheseleistungen (re)produziert werden. Hierzu zählen die Differenzierungen zwischen Gefühl/kein Gefühl sowie zwischen Sauberkeit und Dreck. Die Durchdringung der modernen Welt mit dem Konzept der romantischen Liebe beschert der Prostitution erstens die Unterstellung, wir hätten es dort nur mit einer rein körperlichen Befriedigung zu tun – weil sie eine andere Welt zu sein scheint oder auch weil sie eine andere Welt zu sein hat. Zweitens folgt aus der Konstruktion von Schmutz vs. Hygiene – auch ein tief in die Moderne eingraviertes Selbstbeschreibungsmuster –, dass die Prostitution stets unter dem Verdacht der Verschmutzung und der Unreinheit steht, während als normal gesetzte Lebenswelten von der (permanenten) Sauberkeitsfrage weitgehend entlastet sind.

Diese doppelte Markierung als »anders« ist gelebte Praxis. Gefühle werden erlebt oder eben gerade nicht erlebt, sie werden als legitim oder illegitim erfahren, kommuniziert oder verschwiegen. Sauberkeit wird erwartet oder auch gerade nicht erwartet, weshalb sie in besonderem Maße und immer wieder unter Beweis gestellt werden muss. Spezielle Handlungen, zum Beispiel »zeremonielle« Waschungen, drücken damit auch eine spezifische Logik des Feldes aus: Die Handlungspraxis des Übergangsrituals trennt das Feld als etwas Anderes von der normalen Welt.

Es zeigt sich allerdings, dass die Welten sich in vielerlei Hinsicht ähnlicher sind, als viele glauben. Gefühle sind in der Prostitution vielfach zu beobachten, und sogar das Gefühl der Liebe ist dabei keineswegs ausgeschlossen. Kunden und Prostituierte kommen nicht als unbeschriebenes Blatt, sondern als körperlich-sexuell in einem spezifischen zeitgeschichtlichen Kontext sozialisierte und agierende Menschen ins Feld der Prostitution. Selbst wenn sich prostitutive Angebote und Wünsche (z. B. spezifische sexuelle Praktiken) im Einzelfall unterscheiden mögen, ist auch, vielleicht sogar gerade, die prostitutive, qua Definition »gegen Geld verhandelte« Sexualität mehrheitlich an dem heute auch allgemein an Bedeutung gewinnenden »Konsens- oder auch Verhandlungsmodell« der Sexualität orientiert, dem zufolge in der sexuellen Interaktion alles in Ordnung ist, solange es zwischen den Partnern einvernehmlich als gewünscht ausgehandelt wurde. Im Vordergrund steht hier die Konstruktion von gemeinsam erlebtem Spaß. Prostituierte stellt dies vor die Herausforderung, Freiern glaubhaft vermitteln zu müssen, dass die Sexualität auch ihnen Spaß macht, unabhängig von ihren tatsächlichen Empfindungen.

Die Annahme, es handele sich bei der Prostitution *nur* um eine sexuelle Befriedigung, verhindert damit keineswegs, dass Kunden die Präsentation von Lust oder wenigstens Spaß bei der bezahlten Sexualpartnerin erwarten. Eigentlich müsste für Kunden sexueller Dienstleistungen vieles gegen die Aussicht auf eine gemeinsam erlebte Freude am Sex sprechen: das Wissen, dass es sich um eine Verkaufssituation handelt, die kulturelle Annahme, Prostitution sei »nur Sex«, die Assoziation von Prostitution mit Tricks und Betrügereien. Dennoch wollen und können Männer als zahlende Kunden auch in der Prostitution die Lust ihrer Sexualpartnerin erfahren. Ermöglicht wird dies dadurch, dass viele Sexarbeiterinnen durch eine intentionale szenische Darbietung, die dabei allerdings nicht als Inszenierung wahrgenommen werden darf, eine sinnliche Wahrnehmung des konsumierenden Kunden ermöglichen. Dies bedeutet keineswegs, dass Prostituierte während der Arbeit keine Gefühle hätten, sondern nur, dass die professionelle Sexdienstleistung sich dadurch auszeichnet, dass die Wirkung auf den Kunden unabhängig vom eigenen Empfinden erfolgen soll.

Soziale Strukturen können als Regeln und Ressourcen begriffen werden, die in Institutionen eingelagert sind (vgl. Giddens 1988). Auch die Annahme, in der Prostitution handele es sich um Sex (mit Lust, aber) ohne Gefühl, kann als eine solche Institution gefasst werden. Begleitet von dem Verdacht, dass Prostitution tendenziell – entweder physisch-materiell oder auch im übertragenen Sinne – von Schmutz behaftet ist und dass Prostituierte ebenso wie ihr Umfeld keineswegs immer ehrlich handeln, lassen sich all jene Stigmatisierungen beobachten, die Etablierte in vielen Konstellationen den von ihnen ausgemachten Außenseitern vorwerfen (und die diese oft auch in ihr Selbstbild übernehmen), nämlich unmoralisch, unehrlich und dreckig zu sein (vgl. Elias/Scotson 1993). Die Anders-Setzung der Prostitution ist in diesem Sinne eine soziale Struktur mit weitreichenden Wirkungen.

Folge ist nicht nur eine physische Ausgrenzung der sich prostituierenden Frauen sowie eine allgemein verbreitete gesellschaftliche Ignoranz dem Feld gegenüber, die sich beispielsweise in fehlenden Ausbildungssystemen und sich widersprechenden Gesetzesgrundlagen ausdrückt, sondern auch eine ständige Verunsicherung über Authentizität und Täuschung. Dies zeigt sich unter anderem darin, dass Kunden aufwendig den Körper, die Räume und die Ausstrahlung der Prostituierten zu lesen versuchen, um hinter die (oft antizipierte) Täuschung blicken zu können. Folge der Anders-Setzung ist auch, dass Freier sich sorgen, ob der »Dreck« an ihnen haften bleibt, und ihre eigenen Gefühle ambivalent zur Kenntnis nehmen. Die Prostituierten sind vor diesem strukturellen Hintergrund umso mehr in ihrer Performanz gefordert.

Diese Anders-Setzung ist zugleich eine räumliche Struktur. Auf der Ebene der Stadt ist eine konsequente Umsetzung der Anders-Setzung durch die Festlegung von Sperrgebieten räumlich manifest. In einer Weise, die sich sonst in kaum einem anderen sozialen Feld findet, werden der Prostitution klar und deutlich eigene Räume zugewiesen, wodurch diese aus dem Alltag gedrängt wird. Eine Zuspitzung erfährt eine solche expli zit räumliche Zugriffsweise auf die Sexarbeit durch die in Frankfurt exemplarisch nachzeichenbare, sukzessive Verdrängung der sich prostituierenden Frauen aus dem öffentlichen Raum. Mit der Verhäuslichung der Prostitution erlangen die Frauen zwar mehr Selbständigkeit, aber sie verschwinden auch aus der öffentlichen Wahrnehmung.

Prostitution ist heute in Frankfurt wie auch anderswo ein weitgehend uneinsehbares, unbekanntes und als fremd erlebtes Feld. Gerade weil räumlich wie sozial die Strukturen undurchschaubar sind, wirken sie auf viele Menschen angsteinflößend. Die Verhäuslichung der Prostitution war wesentlich von dem Wunsch getragen, den als proletarisch erlebten Praktiken vieler sich prostituierender Frauen und ihres Umfeldes nicht länger den öffentlichen Raum der Straße, noch dazu in einem zentralen städtischen Areal, zu überlassen. Dies führte aber nicht dazu, dass nun beide Geschlechter die Gegend wieder häufiger frequentieren, viele »anständige« Frauen meiden das Bahnhofsviertel auch heute noch. Die zum Raum der Prostitution synthetisierten Areale werden emotional stark aufgeladen und mit Unsicherheiten und Ängsten besetzt, womit allein schon die Beschreibung der Prostitution als gefühlsfreien Raumes umgekehrt wird. Interaktions- und Handlungsstrukturen sind in der Folge insofern raumbezogen, als viele Frauen und auch einige Männer das Viertel meiden, was die Setzung der anderen Welt bestätigt. Selbst wenn die Sexarbeiterinnen in Arbeitskleidung nur selten im öffentlichen Raum anwesend sind, bieten Symbole wie blinkende Herzen Hinweise auf das Geschehen.

So wie der öffentliche Raum des Bahnhofsviertels durch die Reklame subtil als sexualisiert erscheint (was allein schon verunsichern kann), so wirken auch die Innenräume der Bordelle auf die Kunden. Insbesondere die Zimmer eignen sich, um aus Art und Anordnung der Dinge auf die Handlungsweisen der Frauen zu schließen. Es zeigt sich, dass Raum mehr ist als nur ein Ausdruck der Gesellschaft, wie die Einkerbungen von Sperrgebiets- und Indoor-Regelungen zeigen. Wenn Räume mit Gefühlen und Sinnformaten belegt werden, wenn beispielsweise Ängste an Räume gebunden oder Interpretationen an Innenraumgestaltungen festgemacht werden, dann konservieren diese Räume in besonders effektiver Weise Praxisformen.

So geht auch der im Feld feststellbare Wunsch, die Sinnwelt Prostitution (positiv) zu verändern, in Frankfurt deutlich mit dem Bestreben nach einer Neugestaltung der Räume einher. Diejenigen, die Gestaltungsspielräume haben, das heißt insbesondere Bordell- und Wohnungsbetreibende, machen in den Interviews immer wieder deutlich, dass sie eine Verbesserung der eigenen sozialen Stellung in besonderem Maße über eine (Neu-)Gestaltung der Räume der Prostitution anstreben. In Zielen und Fantasien, wie die Räume zu verbessern wären, tauchen typische (negative) Zuschreibungen des Feldes wieder auf. So zeugt der Wunsch, Materialien zu verwenden, die mehr Sauberkeit versprechen, auch davon, nicht länger in einer »anderen Welt« leben zu wollen, und verweist darauf, dass die Gestaltung von Räumen immer auch Teil der sozialen Ordnung bzw. deren Herstellung ist. Räume sind demnach Folgen von Handlungen, die als evozierende Kraftfelder wiederum räumlich produktiv sind.

Wie sich die Machtverhältnisse innerhalb einer solchen Konstellation darstellen, wer also von bestimmten Gegebenheiten und Entwicklungen profitiert, ist keineswegs immer einfach zu bestimmen. Durch die andauernde Anders-Setzung des Feldes in Relation zum städtischen »Normalalltag« sind die Brüche, die das Prostitutionsgeschehen durchziehen, sowie die Gemeinsamkeiten der Welten lediglich für die Akteur/-innen im Feld selbst sichtbar, für Außenstehende bleiben sie weitgehend verborgen. Sicherlich stärkt auch die Setzung der »anderen

Welt« der Prostitution den gegenteiligen Entwurf des »normalen«, legitimen und vor allem auch romantisch aufeinander bezogenen, heterosexuell-monogamen Paares. Bezogen auf konkrete Lebensumstände fällt die Einschätzung der Konsequenzen räumlicher Neuordnungen im Feld besonders ambivalent aus. Kunden und Bordellbetreibende zum Beispiel gewinnen mit der Auslagerung der Prostitution aus dem öffentlichen Raum Freiheitspotenziale: Kunden sind in geschlossenen Häusern unbeobachteter, Bordellbetreibende und Hoteliers in der Regel politisch und wirtschaftlich einflussreicher als beispielsweise Zuhälter. Doch trotz des teilweise erreichten Machtgewinns wirkt die Konstruktion einer ganz eigenen, anderen Welt der Prostitution aufgrund der sozialen Abwertung aller im Feld Aktiven stigmatisierend und diffus verunsichernd.

Die Herstellung der Prostitution als Sphäre des Anderen ist eine hochkomplexe, insbesondere räumlich-soziale Leistung, an der im städtischen Figurationsgefüge zahlreiche Personen(gruppen) und keineswegs nur die im Feld Aktiven beteiligt sind.

Literatur

Ahlemeyer, Heinrich W. (2002), *Geldgesteuerte Intimkommunikation. Zur Mikrosoziologie heterosexueller Prostitution*, Gießen: Psychosozial-Verlag.

Ders. (2000), *Prostitutive Intimkommunikation. Zur Mikrosoziologie heterosexueller Prostitution*, Gießen: Psychosozial-Verlag.

Allert, Tilman (1997), »Kumulativer Anerkennungszerfall. Perspektiven für die Analyse von Jugenddelinquenz im Großstadtmilieu«, in: *Differenz und Integration. Die Zukunft moderner Gesellschaften*, herausgegeben von Stefan Hradil, Frankfurt am Main/New York: Campus, S. 952-970.

Bauman, Zygmunt (1998), »Über den postmodernen Gebrauch der Sexualität«, in: *Sexualität und Spätmoderne. Über den kulturellen Wandel der Sexualität*, herausgegeben von Gunter Schmidt/Bernhard Strauß, Stuttgart: Enke, S. 17-35.

Beck, Ulrich (1986), *Risikogesellschaft*, Frankfurt am Main: Suhrkamp.

Behnken, Imbke/Jürgen Zinnecker (1987), »Vom Straßenkind zum verhäuslichten Kind. Zur Modernisierung städtischer Kindheit 1900-1980«, in: *Sozialwissenschaftliche Information* 16/2, S. 87-96.

Berger, Peter, L./Thomas Luckmann (1998, Orig. 1969), *Die gesellschaftliche Konstruktion der Wirklichkeit. Eine Theorie der Wissenssoziologie*, Frankfurt am Main: Fischer.

Bermes, Christian (2006), »Philosophische ›Feldforschung‹. Der Feldbegriff bei Cassier, Husserl und Merleau-Ponty«, in: *Formfelder*, herausgegeben von Dirk Rustemeyer, Würzburg: Königshausen & Neumann, S. 9-26.

Beste, Hubert (2000), *Morphologie der Macht. Urbane »Sicherheit« und die Profitorientierung sozialer Kontrolle*, Opladen: Leske + Budrich.

Bilitewsky, Helga/Czajka, Maya/Fischer, Claudia/Klee, Stephanie/Repetto, Claudia (1994, Orig. 1991), *Freier. Das heimliche Treiben der Männer*, herausgegeben vom Prostituiertenprojekt Hydra, München: Droemer Knaur.

Bisler, Wolfgang (1988), »Stigmatisierung«, in: *Lexikon zur Soziologie*, herausgegeben von Werner Fuchs/Rolf Klima/Rüdiger Lautmann/Ottheim Rammstedt/Hanns Wienold, Opladen: Westdeutscher Verlag Opladen, S. 750f.

Bonß, Wolfgang (1997), »Die gesellschaftliche Konstruktion von Sicherheit«, in: *Sicherheit in der unsicheren Gesellschaft*, herausgegeben von Eckehard Lippert/Andreas Prüfert/Günther Wachtler, Opladen: Westdeutscher Verlag, S. 21-41.

Ders. (1995), *Vom Risiko: Unsicherheit und Ungewißheit in der Moderne*, Hamburg: Hamburger Edition.

Bourdieu, Pierre (2005), *Die männliche Herrschaft*, Frankfurt am Main: Suhrkamp.

Braun, Christina von/Bettina Mathes (2007), *Verschleierte Wirklichkeit. Die Frau, der Islam und der Westen*, Berlin: Aufbau Verlag.

Brickell, Chris (2002), »Through the (new) looking glass. Gendered bodies, fashion and resistance in postwar New Zealand«, in: *Journal of Consumer Culture* 2/2, S. 241-269.

Brückner, Margit/Christa Oppenheimer (2006), *Freier(s) Wille. Wie Prostituierte leben: Sicherheit, Gesundheit und soziale Hilfe im Milieu*, Königstein: Helmer.

Bundesgesetzblatt Jahrgang 2001 Teil I Nr. 74, *Gesetz zur Regelung der Rechtsverhältnisse der Prostituierten (Prostitutionsgesetz – ProstG) Vom 20. Dezember 2001*, ausgegeben zu Bonn am 27. Dezember 2001.

Bundesministerium für Familie, Senioren, Frauen und Jugend (Hg.) (2007), *Bericht der Bundesregierung zu den Auswirkungen des Gesetzes zur Regelung der Rechtsverhältnisse der Prostituierten (Prostitutionsgesetz – ProstG)*, Berlin.

Bundesministerium für Frauen und Jugend (Hg.) (1994), »Sicherheitsbeitrag spezieller nächtlicher Beförderungsangebote (Disco-Busse)«, *Materialien zur Frauenpolitik 42/1994*, Forschungsbericht des Planungshauses Südstadt AG, Köln (verf. Ms.).

Burkert, Walter (1977), Griechische Religion der archaischen und klassischen Epoche, Stuttgart u. a.: Kohlhammer.

Butler, Judith (1991), *Das Unbehagen der Geschlechter*, Frankfurt am Main: Suhrkamp.

Chapkis, Wendy (1997), *Live Sex Acts: Women Performing Erotic Labor*, London/New York: Routledge.

Collins, Randall (2004), *Interaction Ritual Chains*, Princeton/Oxford: Princeton University Press.

Degele, Nina (2004), *Sich schön machen. Zur Soziologie von Geschlecht und Schönheitshandeln*, Wiesbaden: VS Verlag für Sozialwissenschaften.

Deutscher Bundestag – 14.Wahlperiode (2001), *Begründung des Gesetzes zur Regelung der Rechtsverhältnisse der Prostituierten*, Drucksache 14/5958, S. 4-6.

Diakonie Dokumentation (2001), *Prostitution und Menschenhandel. Was hilft? Neue Bündnisse und Wege in der Arbeit*, Dokumentation der Fachtagung des Diakonischen Werkes der EKD vom 14. bis 16. März 2001 in Berlin, Heft 4/2001.

Diakonie Dokumentation (1998), *Prostitution und Menschenhandel – (k)ein Thema in Kirche und Diakonie?!*, Diakonisches Werk der EKD, Dokumentation der Fachtagung vom 23.-25. Juni 1998 in Berlin, Heft 2/1998.

Diakonie Korrespondenz (2001), *Prostitution und Menschenhandel – eine Herausforderung für Kirche und Diakonie. Positionen und Konzepte aus dem Diakonischen Werk der Evangelischen Kirche in Deutschland. Diakonisches Werk der Evangelischen Kirche in Deutschland (EKD)*, Heft 8/2001.

Doezema, Jo (2006), »Weiße Sklavinnen, arme Slawinnen. Das Melodram vom Frauenhandel«, in: *Osteuropa: Mythos Europa: Prostitution, Migration, Frauenhandel* 56/6, S. 269-284.

Douglas, Mary (1988, Orig. 1966), *Reinheit und Gefährdung. Eine Studie zu Vorstellungen von Verunreinigung und Tabu*, Frankfurt am Main: Suhrkamp.

Drößler, Christine (1994), »Wozu Sandkästen gut sind«, in: *Handbuch Prostitution*, herausgegeben von HWG e. V., Marburg: Schüren, S. 10 f.

Eckert, Andreas (1996), »›Unordnung‹ in den Städten. Stadtplanung, Urbanisierung und koloniale Politik in Afrika«, in: *Periplus. Jahrbuch für außereuropäische Geschichte*, herausgegeben von Dietmar Rothermund, Münster: Lit Verlag, S. 1-20.

Elias, Norbert (1997), *Über den Prozeß der Zivilisation. Soziogenetische und psychogenetische Untersuchungen.* Bd. I.: *Wandlungen des Verhaltens in den westlichen Oberschichten des Abendlandes*, Frankfurt am Main: Suhrkamp.

Ders., John L. Scotson. (1993), *Etablierte und Außenseiter*, Frankfurt am Main: Suhrkamp.

Engel, Giesela u. a. (2002), *Frauen in der Stadt – Frankfurt im 18. Jahrhundert*, Königstein/Ts.: Ulrike Helmer.

Feige, Marcel (2003), *Das Lexikon der Prostitution*, Berlin: Schwarzkopf und Schwarzkopf.

FIM – Frauenrecht ist Menschenrecht (Hg.) (2007), *Kampagne: Stoppt Zwangsprostitution*, Frankfurt am Main: FIM.

Fischer-Lichte, Erika (2004), *Ästhetik des Performativen*, Frankfurt am Main: Suhrkamp.

Dies. (2003), »Performance, Inszenierung, Ritual. Zur Klärung kulturwissenschaftlicher Schlüsselbegriffe«, in: *Geschichtswissenschaft und »Per-*

formative Turn«, herausgegeben von Jürgen Martschukat/Steffen Patzold, Köln/Weimar/Wien: Böhlau Verlag, S. 33-54.

Flam, Helena (2002), *Soziologie der Emotionen*, Konstanz: UVK/UTB.

Foucault, Michel (1983, Orig. 1976), *Sexualität und Wahrheit. Band 1: Der Wille zum Wissen*, Frankfurt am Main: Suhrkamp.

Frank, Susanne (2003), *Stadtplanung im Geschlechterkampf*, Opladen: Leske + Budrich.

Galen, Margarete Gräfin von (2004), *Rechtsfragen der Prostitution. Das ProstG und seine Auswirkungen*, München: Beck Juristischer Verlag.

Geisler, Alexandra (2004), »Hintergründe des Menschenhandels in die Prostitution mit Frauen aus Osteuropa«, in: *Aus Politik und Zeitgeschichte*, B 52-53, S. 27-32.

Gerhards, Jürgen/Bernd Schmidt (1992), *Intime Kommunikation. Eine empirische Studie über Wege der Annäherung und Hindernisse für »safer sex«*, Baden-Baden: Nomos.

Gerheim, Udo (2007), »Freier. Ein sich windender Forschungsgegenstand. Projektskizze einer qualitativ-empirischen Untersuchung zu habituellen Mustern heterosexueller Prostitutionskunden«, in: *In: Arbeitsplatz Prostitution – Ein Beruf wie jeder andere? Gender Studies in den Angewandten Wissenschaften*, herausgegeben von Emilija Mitrovic, Hamburg: HAW, S. 123-193.

Gerstendörfer, Monika (2001), »Gewalt gegen und Diskriminierung von Huren durch die Sexualisierung der Sprache und die Kriminalisierung von Sexualität«, in: *Beiträge zur feministischen Theorie und Praxis*, herausgegeben von Sozialwissenschaftliche Forschung & Praxis für Frauen e. V., S. 103-113.

Girtler, Roland (1995), »Die Methode des ero-epischen Gesprächs«, in: ders., *Randkulturen. Theorie der Unanständigkeit*, Wien/Köln/Weimar: Böhlau, S. 218-225.

Ders. (1990, Orig. 1985), *Der Strich. Sexualität als Geschäft*, München: Heyne.

Gleichmann, Peter R. (1979), »Die Verhäuslichung körperlicher Verrichtungen«, in: *Materialien zu Norbert Elias' Zivilisationstheorie*, herausgegeben von Peter Gleichmann u. a., Frankfurt am Main: Suhrkamp S. 254-278.

Ders. (1976), »Wandel der Wohnverhältnisse, Verhäuslichung der Vitalfunktionen, Verstädterung und siedlungsräumliche Gestaltungsmacht«, in: *Zeitschrift für Soziologie* 5/4, S. 319-329.

Goffman, Erving (1969, Orig. 1959), *Wir alle spielen Theater*, München: Piper.

Grenz, Sabine (2007), *(Un)heimliche Lust*, Wiesbaden: VS Verlag.

Dies./Martin Lücke (Hg.) (2006a), *Verhandlungen im Zwielicht: Momente der Prostitution in Geschichte und Gegenwart*, Bielefeld: Transcript.

Dies. (2006b), »Momente der Prostitution. Eine Einführung«, in: dies. 2006a, s. 9-22.

Hallgrimsdottir, Helga Kristin/Phillips, Rachel/Benoit, Cecilia (2006), »Fallen women and rescued girls: Social stigma and media narratives of the sex industry in Victoria, B. C., from 1980 to 2005«, in: *The Canadian Review of Sociology and Anthropology* 43, S. 265-280.

Hammer, Heike (2000), »Emotionen als soziale Prozesse. Der Beitrag der Zivilisationstheorie zur Emotionssoziologie«, in: *Skepsis und Engagement. Festschrift für Hermann Korte*, herausgegeben von Gabriele Klein/Annette Treibel, Hamburg: LIT, S. 41-70.

Harvey, Penelope (1997), »Die geschlechtliche Konstitution von Gewalt. Eine vergleichende Studie über Geschlecht und Gewalt«, in: *Soziologie der Gewalt*, herausgegeben von Trutz von Trotha, Opladen/Wiesbaden: Westdeutscher Verlag, S. 122-138.

Helfferich, Cornelia/Fischer, Claudia/Kavemann, Barbara/Leopold, Beate/Rabe, Heike (unter Mitarbeit von Margarete von Galen und Katja Grieger) (2005), *Untersuchung »Auswirkungen des Prostitutionsgesetzes«*, Abschlussbericht, Sozialwissenschaftliches Frauenforschungsinstitut Freiburg, im Auftrag des Bundesministeriums für Familie, Senioren, Frauen und Jugend, Freiburg/ Berlin.

Dies./Kavemann, Barbara/Rabe, Heike/Fischer, Claudia (2007), *Vertiefung spezifischer Fragestellungen zu den Auswirkungen des Prostitutionsgesetzes: Ausstieg aus der Prostitution; Kriminalitätsbekämpfung und Prostitutionsgesetz*, Sozialwissenschaftliches Frauenforschungsinstitut Freiburg, im Auftrag des Bundesministeriums für Familie, Senioren, Frauen und Jugend, Freiburg/Berlin.

Hemmie, Dagmar M. H. (2007), *Ungeordnete Unzucht. Prostitution im Hanseraum (12.-16. Jahrhundert)*, Köln/Weimar/Wien: Böhlau.

Henning, Juanita (1997), *Kolumbianische Prostituierte in Frankfurt. Ein Beitrag zur Kritik gängiger Ansichten über Frauenhandel und Prostitution*, Freiburg: Lambertus-Verlag.

Herz, Annette (2006a), »Schriftliche Befragung«, in: *Straftatbestand Menschenhandel. Verfahrenszahlen und Determinanten der Strafverfolgung*, herausgegeben von Annette Herz/Eric Minthe, München: Luchterhand, S. 147-247.

Dies. (2006b), »Zusammenfassung und Schlussfolgerungen«, in: *Straftatbestand Menschenhandel. Verfahrenszahlen und Determinanten der Straf-*

verfolgung, herausgegeben von Annette Herz/Eric Minthe, München: Luchterhand, S. 305-347
Dies./Minthe, Eric (2006), *Straftatbestand Menschenhandel. Verfahrenszahlen und Determinanten der Strafverfolgung*, München: Luchterhand.
Hochschild, Arlie R. (2003), *The Managed Heart: Commercialization of Human Feeling*, London: University of California Press.
Höpflinger, François (1989), »Die Einstellung junger Frauen zu Partnerschaft, Ehe und Familie«, in: *Weichenstellungen. Lebensformen im Wandel und Lebenslage junger Frauen*, herausgegeben von François Höpflinger/Denise Erni-Schneuwly, Bern/Stuttgart: Haupt Sommer, S. 37-71.
Howe, Christiane (2008a), »Bericht der Bundesregierung zu den Auswirkungen des Prostitutionsgesetzes: Anmerkungen und Empfehlungen für den KOK und seine Mitgliedsorganisationen«, herausgegeben vom Bundesweiten Koordinierungskreis gegen Frauenhandel und Gewalt an Frauen im Migrationsprozess e. V., Berlin.
Dies. (2008b), »Prostitution – ein Thema für pro familia? Zwischen radikaler Ablehnung und Unterstützung«, in: *pro familia Magazin* 04/2008, S. 4-8.
Dies. (2008c), »Männerbilder/im Rahmen von Prostitution«, in: *Die soziale Konstruktion von Männlichkeit. Hegemoniale und marginalisierte Männlichkeiten in Deutschland*, herausgegeben von Nina Baur und Jens Luedke, Opladen: B. Budrich, S. 239-264.
Dies. (2004a), »Milliardengeschäft illegale Prostitution. Handel mit Frauen aus Osteuropa«, in: *Aus Politik und Zeitgeschichte*; B 52-53: 33-38.
Dies. (2004b), »Frauenhandel und Prostitution: Der Traum vom besseren Leben erfüllt sich oft nicht«, in: *Bloß nicht auffallen. Illegale in Deutschland*, herausgegeben vom Evangelisches Missionswerk in Deutschland e. V., Hamburg, S. 34-37.
Dies. (2004c), »Ergebnisse der qualitativen Studie über Kunden von ausländischen Prostituierten«, in: *Prostitutionskunden – sich austauschen, um Standpunkte zu verrücken. Dokumentation einer Fachtagung*, herausgegeben von Context e. V., Frankfurt am Main. S. 31-45.
Dies. (1999), »Frauenhandel – Frauenspezifische Migration?«, in: *Handbuch Migration für AIDS-Hilfen. AIDS-Fachkräfte und andere im AIDS-Bereich Tätige*, herausgegeben von Deutsche AIDS-Hilfe e. V., Berlin: S. 66-76.
Hubbard, Phil (1999), *Sex and the City. Geographies of Prostitution in the Urban West*, Adlershot: Ashgate.

Ders. (1998a), »Sexuality, immorality and the city: Red-light districts and the marginalisation of female street prostitutes«, in: *Gender, Place and Culture. A Journal of Feminist Geography* 5/1, S. 55-76.

Ders. (1998b), »Community action and the displacement of street prostitution: Evidence from British cities«, in: *Geoforum* 29/3, S. 269-286.

HWG e. V. (Hg.) (1994), *Handbuch Prostitution*, Marburg: Schüren.

Illouz, Eva (2006), *Gefühle in Zeiten des Kapitalismus*, Frankfurt am Main: Suhrkamp.

Kaufmann, Franz-Xaver (1990), *Zukunft der Familie. Stabilität, Stabilitätsrisiken und Wandel der familialen Lebensformen sowie ihrer gesellschaftlichen und politischen Bedingungen, Perspektiven und Orientierungen*, München: C. H. Beck.

Ders. (1973), *Sicherheit als soziologisches und sozialpolitisches Problem*, Stuttgart: Lucius + Lucius.

Kirchhoff, Renate/Moser, Maria Katharina (2006), »Mythen über Zwangsprostitution. Rückblick auf die Kampagnen rund um die Fußball-WM«, in: *Diakonia* 37, S. 368-374.

Kleiber, Dieter/Velten, Doris (1994), *Prostitutionskunden – Eine Untersuchung über soziale und psychologische Charakteristika von Besuchern weiblicher Prostituierter in Zeiten von Aids*, Bonn: Bundesministerium für Gesundheit.

Klima, Rolf (1988), »Symbol«, in: *Lexikon zur Soziologie*, herausgegeben von Werner Fuchs/Rolf Klima/Rüdiger Lautmann/Ottheim Rammstedt/Hanns Wienold, Opladen: Westdeutscher Verlag Opladen, S. 762.

Koch, Ulrich (1997), »Dominikanische Prostituierte in Frankfurt am Main. Zur Globalisierung der Sexualität«, in: *Zeitschrift für Sexualforschung* 10/3 (September 1997), S. 233-244.

Kontos, Silvia (o. J.), *Die Kampagne gegen Zwangsprostitution anlässlich der Fußball-Weltmeisterschaft 2006. Frankfurt/M.*, herausgegeben von FIM (Frauenrecht ist Menschenrecht).

Kontula, Anna (2008), »The sex worker and her pleasure«, in: *Current Sociology* 56/4, S. 605-620.

Krafft, Sybille (1996), *Zucht und Unzucht – Prostitution und Sittenpolizei im München der Jahrhundertwende*, München: Hugendubel.

Krey, Hiltrud (2003), *Ekel ist okay. Ein Lern- und Lehrbuch zum Umgang mit Emotionen in Pflegeausbildung und Pflegealltag*, Hannover: Kunz.

Krüger, Heinz-Hermann (1985), *»Die Elvistolle, die hatte ich mir unauffällig wachsen lassen«. Lebensgeschichte und jugendliche Alltagskultur in den fünfziger Jahren*, Opladen: Leske + Budrich.

Krüger, Monika (2001), *Prostitution und Gesundheit. Gesundheitsrelevante Aspekte weiblicher Prostitutionstätigkeit*, Kirchlinteln: Hoho-Verlag.

Kugler, Christine/Ronald Kurt (2007), »Inszenierungsformen und Glaubwürdigkeit im Medium Fernsehen. Politiker zwischen Ästhetisierung und Alltagspragmatik«, in: *Inszenierung von Authentizität*, herausgegeben von Erika Fischer-Lichte u. a., Tübingen/Basel: A. Francke Verlag, S. 149-162.

Künkel, Jenny (2006), »Sex, Crime und ›richtige Männer‹: Frauenhandelsmythen zur WM 2006«, in: *Kontrollierte Urbanität*, herausgegeben von Volker Eick/Jens Sambale/Eric Töpfer, Bielefeld: Transcript, S. 261-284.

Langer, Antje (2003), *Klandestine Welten. Mit Goffman auf dem Drogenstrich*, Königstein/Ts.: Ulrike Helmer.

Laskowski, Ruth Silke (1997), *Die Ausübung der Prostitution. Ein verfassungsrechtlich geschützter Beruf im Sinne von Art. 12 Abs. 1 GG*, Frankfurt am Main/Berlin/Bern/New York/Paris/Wien: Lang.

Lautmann, Rüdiger (2002), *Soziologie der Sexualität. Erotische Körper, intimes Handeln und Sexualkultur. Grundlagentexte Soziologie*, Weinheim und München: Juventa.

Lenz, Ilse/Ramil-Weiss, Norma/Tiemann, Heidi (1993), *Internationaler Frauenhandel. Eine Untersuchung über Prostitution und Heiratshandel in NRW (Forschungsexpertise)*, herausgegeben vom Ministerium für die Gleichstellung von Frau und Mann des Landes NRW, *Dokumente und Berichte 25*, Düsseldorf.

Leopold, Beate u. a. (1997), *Dokumentation zur rechtlichen und sozialen Situation von Prostituierten in der Bundesrepublik Deutschland*, Stuttgart: Kohlhammer.

Lewandowski, Sven (2004), *Sexualität in den Zeiten funktionaler Differenzierung. Eine systemtheoretische Analyse*, Bielefeld: Transcript.

Lippert, Eckehard/Prüfert, Andreas/Wachtler, Günther (Hg.) (1997), *Sicherheit in der unsicheren Gesellschaft*, Opladen: Westdeutscher Verlag.

Longhurst, Robyn (2000), *Bodies. Exploring Fluid Bondaries*, London: Routledge.

Löw, Martina (2008), »Sexualität«, in: *Handbuch Soziologie*, herausgegeben von Nina Baur u. a., Wiesbaden: VS Verlag für Sozialwissenschaften, S. 431-443.

Dies. (2001a), *Raumsoziologie*, Frankfurt am Main: Suhrkamp.

Dies. (2001b), »Gemeindestudien heute: Sozialforschung in der Tradition der Chicagoer Schule?«, in: *Zeitschrift für Qualitative Bildungs-, Beratungs- und Sozialforschung* 2001/1, S. 111-131.

Dies./Ruhne, Renate (2006), »›Eine umfangreiche Konzeption, die Dirnen von den Straßen zu holen‹. Zur Verhäuslichung der Prostitution in Frankfurt am Main«, in: *Verhandlungen im Zwielicht. Momente der Prostitution in Geschichte und Gegenwart*, herausgegeben von Sabine Grenz und Martin Lücke, Bielefeld, Transcript, S. 177-207.

Luhmann, Niklas (1984), *Soziale Systeme. Grundriß einer allgemeinen Theorie*, Frankfurt am Main: Suhrkamp.

McDowell, Linda (1997), *Capital Culture. Gender at Work*, Oxford: Blackwell.

McKeganey, Neil/Barnard, Marina (1992), »Selling sex: female street prostitution and HIV risk behaviour in Glasgow«, in: *AIDS Care* 4/4, S. 395-407.

Millet, Kate (1981), *Das verkaufte Geschlecht. Die Frau zwischen Gesellschaft und Prostitution*, mit einem Vorwort von Alice Schwarzer, Köln: Kiepenheuer & Witsch

Mitrovic, Emilija (Hg.) (2007a), *Arbeitsplatz Prostitution – Ein Beruf wie jeder andere? Gender Studies in den Angewandten Wissenschaften*, Band 4, Hochschule für Angewandte Wissenschaften, Hamburg.

Dies. (2007b), »Arbeitsplatz Prostitution – Ein Beruf wie jeder andere?«, in: dies. (Hg.), *Arbeitsplatz Prostitution – Ein Beruf wie jeder andere? Gender Studies in den Angewandten Wissenschaften*, Band 4, Hochschule für Angewandte Wissenschaften, Hamburg, S. 13-122.

Dies. (2006), »Zwangsprostitution? Eine Aufhellung begrifflicher Verwirrungen«, in: *Forum Wissenschaft: WM, Fußball, Sport* 2/2006, online verfügbar unter: ⟨www.bdwi.de/forum/archiv/archiv/136447⟩ (Stand Juni 2011).

Dies. (2004a), *Arbeitsplatz Prostitution. Bericht über die Ergebnisse der Feldstudie »Der gesellschaftliche Wandel im Umgang mit der Prostitution seit Inkrafttreten der neuen Gesetzgebung am 1. 1. 2002«*, herausgegeben von der Vereinten Dienstleistungsgewerkschaft (ver.di), Hamburg.

Dies. (2004b), »Zwei Jahre Prostitutionsgesetz: Alles beim Alten?«, in: *Auf dem Prüfstand: Das Prostitutionsgesetz. Dokumentation des Fachgesprächs am 16. 8. 2004 im Deutschen Bundestag*, herausgegeben von Bündnis 90/ Die Grünen, Berlin, S. 5-11.

Dies. (2002), »Frauenarbeitsplatz Prostitution. Arbeitsbedingungen in einem bedeutenden Wirtschaftsfaktor«, in: *Forum Wissenschaft* 1/2, S. 70-73.

Mitteilungen der Evangelischen Frauenarbeit in Deutschland e. V. (2005), »Gegen Frauenhandel. Fakten – Hintergründe – Strategien. Tagungs-

dokumentation«, in: *Mitteilungen der Evangelischen Frauenarbeit in Deutschland e. V.* 431/Oktober 2005.
Molloy, Cora (1992), *Hurenalltag – Sperrgebiet, Stigma, Selbsthilfe*, Frankfurt am Main: Fachhochschulverlag.
Mooser, Josef (1984), *Arbeitsleben in Deutschland 1900-1970*, Frankfurt am Main: Suhrkamp.
Mullin, Amy (1996), »Purity and pollution: Resisting the rehabilitation of a virtue«, in: *Journal of the History of Ideas* 57/3, S. 509-524
Munk, Veronika (2006a), *Ein rückschrittliches Europa im XXI. Jahrhundert*, Vortrag im Rahmen der 37. Fachtagung Prostitution, Oer-Erkenschwick (unveröffentlichtes Manuskript).
Dies. (2006b), »Migration und Sexarbeit. Dilemmata der Illegalität«, in: *Mythos Europa: Prostitution, Migration, Frauenhandel – Themenheft Osteuropa* Nr. 6, herausgegeben von Manfred Sapper u. a., Berlin: Berliner Wissenschaftsverlag, s. 55-66.
Neckel, Sieghart (1997), »Zwischen Robert E. Park und Pierre Bourdieu. Eine dritte ›Chicagoer Schule‹? Soziologische Perspektiven einer amerikanischen Forschungstradition«, in: *Soziale Welt* 47/1, S. 71-84.
Ders. (1991), *Status und Scham. Zur symbolischen Reproduktion sozialer Ungleichheit*, Frankfurt am Main/New York: Campus.
Paulus, Manfred (2003), *Frauenhandel und Zwangsprostitution. Tatort: Europa*, Hilden: Verlag Deutsche Polizeiliteratur.
Peuckert, Rüdiger (2002), *Familienformen im sozialen Wandel*, Opladen: Leske + Budrich.
Plassa, Rebecca (2006), »Dokumentation, Spekulation, Emotion. Zwölf Bücher zu Menschenhandel und Zwangsprostitution«, in: *Osteuropa: Mythos Europa: Prostitution, Migration, Frauenhandel* 56/6, S. 139-150.
Pohl, Katharina (1985), »Wende oder Einstellungswandel? Heiratsabsichten und Kinderwunsch 18- bis 28jähriger deutscher Frauen 1978 und 1983«, in: *Zeitschrift für Bevölkerungswissenschaft* 11/1, S. 89-110.
Prostituiertenprojekt Hydra (Hg.) (1988), *Beruf: Hure*. Hamburg: Galgenberg.
Raab, Jürgen (2006), »Körperbilder. Über Rationalität und Irrationalität des Körpers im Interaktionsgeschehen«, in: *Zur Kritik der Wissensgesellschaft*, herausgegeben von Dirk Tänzler u. a., Konstanz: UVK, S. 235-256.
Rammstedt, Ottheim (1988), »Gefühl«, in: *Lexikon zur Soziologie*, herausgegeben von Werner Fuchs/Rolf Klima/Rüdiger Lautmann/Ottheim, Rammstedt/Hanns Wienold, Opladen: Westdeutscher Verlag, S. 255.
Renzikowski, Joachim (2007), *Reglementierung von Prostitution: Ziele und*

Probleme – eine kritische Betrachtung des Prostitutionsgesetzes. Gutachten im Auftrag des Bundesministeriums für Familie, Senioren, Frauen und Jugend, herausgegeben vom Bundesministerium für Familie, Senioren, Frauen und Jugend, Berlin.

Riecker, Joachim (1995), *Ware Lust. Wirtschaftsfaktor Prostitution*. Frankfurt am Main: Fischer.

Rodenstein, Marianne (2000), *Hochhäuser in Deutschland. Zukunft oder Ruin der Städte*, Stuttgart: Kohlhammer.

Ruhne, Renate (2010), *Prostitution. Kontrollierte (Un)Ordnungen der Gesellschaft*, TU Darmstadt, Habilitationsschrift.

Dies. (2009), »Forschen im Feld der Prostitution«, in: *Soziale Probleme* 2008/1, S. 72-89.

Dies. (2008), »Körper unter Kontrolle – Prostitution als ›soziales Problem‹ der Geschlechterordnung«, in: *Die Natur der Gesellschaft. Verhandlungen des 33. Kongresses der Deutschen Gesellschaft für Soziologie in Kassel 2006*, herausgegeben von Karl-Siegbert Rehberg, Frankfurt am Main/New York: Campus: S. 2520-2531.

Dies. (2006), Boulevard und Sperrbezirk – urbane Ideale, Prostitution und der Kampf um den öffentlichen Raum, in: *Sozialwissenschaften und Berufspraxis* 29/2, S. 192-202.

Dies. (2003), *Raum Macht Geschlecht. Zur Soziologie eines Wirkungsgefüges am Beispiel von (Un)Sicherheiten im öffentlichen Raum*, Opladen: Leske + Budrich.

Sanchez, Lisa (2003), »Sex and space in the global city«, in: *Globalization under Construction*, herausgegeben von Richard W. Perry/Bill Maurer, Minneapolis: University of Minnesota, S. 239-271.

Sanders, Teela (2004), »The risks of street prostitution: Punters, police and protesters«, in: Urban Studies 41/9, S. 1703-1717.

Sarasin, Philipp (2001), *Reizbare Maschinen. Eine Geschichte des Körpers 1765-1914*, Frankfurt am Main: Suhrkamp.

Schmackpfeffer, Petra (1989), *Frauenbewegung und Prostitution. Über das Verhältnis der alten und neuen deutschen Frauenbewegung zur Prostitution*, Oldenburg: Bibliotheks- und Informationssystem der Universität Oldenburg, online verfügbar unter: ⟨http://docserver.bis.uni-oldenburg.de/publikationen/bisverlag/schfra89/schfra89.html⟩ (Stand Juni 2011).

Schmidt, Gunter (2005), *Das neue Der Die Das: Über die Modernisierung des Sexuellen*, Gießen: Psychosozial Verlag.

Schulte, Regina (1984), *Sperrbezirke. Tugendhaftigkeit und Prostitution in der bürgerlichen Welt*, Frankfurt am Main: Syndikat.

Schuster, Beate (1995), *Die freien Frauen: Dirnen und Frauenhäuser im 15. und 16. Jahrhundert*, Frankfurt am Main/New York: Campus.

Schuster, Martina (2003), *Kampf um Respekt. Eine ethnografische Studie über Sexarbeiterinnen*, Tübingen: Tübinger Vereinigung für Volkskunde.

Dies./Sülzle, Almut (2006), *Zwangsprostitution, Sexarbeit, Menschenhandel und die WM 2006. Gutachten zu Kampagnen zu Prostitution und Menschenhandel in Deutschland im Umfeld der Fußballweltmeisterschaft der Männer 2006*, Wien: Wiener Institut für internationalen Dialog und Zusammenarbeit.

Dies./Sülzle, Almut/Zimowska, Agnieszka (2006), »Zu Gast bei Freunden. Die WM und das Bedrohungsszenario ›Zwangsprostitution‹«, in: *Informationszentrum 3. Welt* 293/Juni 2006, S. 4 f.

Schützeichel, Rainer (2006), *Emotionen und Sozialtheorie. Disziplinäre Ansätze*, Frankfurt am Main/New York: Campus.

Schwarzer, Alice (1981), »Vorwort zur Neuauflage von 1981«, in: Kate Millet, *Das verkaufte Geschlecht. Die Frau zwischen Gesellschaft und Prostitution, mit einem Vorwort von Alice Schwarzer*, Köln: Kiepenheuer & Witsch, S. 7-15.

Seel, Martin (2001), »Inszenieren als Erscheinenlassen. Thesen über die Reichweite eines Begriffs«, in: *Ästhetik der Inszenierung. Dimensionen eines künstlerischen, kulturellen und gesellschaftlichen Phänomens*, herausgegeben von Josef Früchtl/Jörg Zimmermann, Frankfurt am Main: Suhrkamp, S. 48-62.

Sigusch, Volkmar (2000), »Vom König Sex zum Selfsex. Über gegenwärtige Transformationen der kulturellen Geschlechts- und Sexualformen«, in: *Sexuelle Szenen: Inszenierungen von Geschlecht und Sexualität in modernen Gesellschaften*, herausgegeben von Christiane Schmerl u. a., Opladen: Leske + Budrich, S. 229-249.

Soeffner, Hans-Georg (2004), »Die Wirklichkeit der Theatralität«, in: *Theatralität als Modell in den Kulturwissenschaften*, herausgegeben von Erika Fischer-Lichte u. a., Tübingen/Basel: A. Francke Verlag, S. 235-247.

Thürmer-Rohr, Christina (1989), »Frauen in Gewaltverhältnissen. Zur Generalisierung des Opferbegriffs«, in: *Mittäterschaft und Entdeckungslust*, herausgegeben vom Studienschwerpunkt »Frauenforschung« am Institut für Sozialpädagogik der TU Berlin, Berlin: Orlanda.

Vester, Heinz-Günter (2000), »Emotionen«, in: *Soziologie-Lexikon*, herausgegeben von Gerd Reinhold, München/Wien: Oldenbourg, S. 132-135.

Wacquant, Loic (1995a), »Pugs at work: Bodily capital and bodily labour among professional boxers«, in: *Body & Society* 1, S. 65-93.
Ders. (1995b), »The pugilistic point of view: How boxers think and feel about their trade«, in: *Theory and Society* 24, S. 489-535.
Wahrig, Gerhard (1997), *Deutsches Wörterbuch*, Gütersloh: Bertelsmann.
Waldner, Katharina (1998), »Sexualität zwischen Reinheit und Befleckung. Probleme und Lösungen einer Anthropologie der Antike – ein Forschungsbericht«, in: *L'homme. Zeitschrift für feministische Geschichtswissenschaft* 9/1, S. 89-102.
Weigelt, Gela (1989), *Prostitution: Die älteste Profession oder Opression der Welt*, München: Profil.
Whyte, William Foote (1996, Orig. 1946), *Die Street Corner Society*, Berlin: de Gruyter.
Willems, Herbert (2007), »Glaubwürdigkeit und Überzeugung als dramaturgische Probleme und Aufgaben der Werbung«, in: *Inszenierung von Authentizität*, herausgegeben von Erika Fischer-Lichte u. a., Tübingen/Basel: A. Francke Verlag, S. 209-232.
Wrede, Birgitta (2000), »Was ist Sexualität? Sexualität als Natur, als Kultur und als Diskursprodukt«, in: *Sexuelle Szenen. Inszenierungen von Geschlecht und Sexualität in modernen Gesellschaften*, herausgegeben von Christiane Schmerl u. a., Opladen: Leske + Budrich, S. 25-43.
Wright, Michael T./Deutsche AIDS-Hilfe e. V. (Hg.) (2005), *Prostitution, Prävention und Gesundheitsförderung*, Teil 2: *Frauen*, Berlin: Deutsche AIDS-Hilfe.
Zapf, Wolfgang (1977), *Lebensbedingungen in der BRD*, Frankfurt am Main: Campus.
Ziercke, Jörg (2006), »Vorwort«, in: Herz, Annette/Minthe Eric 2006: *Straftatbestand Menschenhandel. Verfahrenszahlen und Determinanten der Strafverfolgung*, München: Luchterhand.
Zimowska, Agnieszka (2006), »Erheblich unterschiedlich. Zwischen migrantischer Sexarbeit und sexualisierten Zwangsverhältnissen ist zu differenzieren«, in: *Informationszentrum 3. Welt* 294, S. 10-14.
Dies. (2005), »Ge-handelt: Zu Machtverhältnissen in der ost-westeuropäischen sexuellen Ökonomie im Kontext feminisierter Migration«, in: *Geschlecht und Ökonomie. Beiträge der 10. Arbeitstagung der Kommission für Frauen- und Geschlechterforschung der Deutschen Gesellschaft für Volkskunde Göttingen 2004*, herausgegeben von Michaela Fenske/Tatjana Eggeling, Göttingen: Schmerse, S. 155-190.
Zinnecker, Jürgen (1990), »Vom Straßenkind zum verhäuslichten Kind. Kindheitsgeschichte im Prozeß der Zivilisation«, in: *Stadtgesellschaft*

und Kindheit im Prozeß der Zivilisation. Konfigurationen städtischer Lebensweise zu Beginn des 20. Jahrhunderts, herausgegeben von Imbke Behnken, Opladen: Leske + Budrich, S. 142-162.

NF 350/1/4.11

Ulrich Beck
- Die Erfindung des Politischen. Zu einer Theorie reflexiver Modernisierung. es 1780. 303 Seiten
- Gegengifte. Die organisierte Unverantwortlichkeit. es 1468. 324 Seiten
- Nachrichten aus der Weltinnenpolitik. es 2619. 149 Seiten
- Die Neuvermessung der Ungleichheit unter den Menschen: Soziologische Aufklärung im 21. Jahrhundert. Eröffnungsvortrag zum Soziologentag »Unsichere Zeiten« am 6. Oktober 2008 in Jena. 57 Seiten
- Risikogesellschaft. Auf dem Weg in eine andere Moderne. es 1365 und es 3326. 396 Seiten
- Das Schweigen der Wörter. Über Terror und Krieg. Rede vor der Staatsduma Moskau, November 2001. Sonderdruck es. 57 Seiten

Ulrich Beck/Angelika Poferl (Hg.). Große Armut, großer Reichtum. Zur Transnationalisierung sozialer Ungleichheit. es 2614. 694 Seiten

Ulrich Beck/Anthony Giddens/Scott Lash. Reflexive Modernisierung. Eine Kontroverse. es 1705. 364 Seiten

Pierre Bourdieu
- Ein soziologischer Selbstversuch. Übersetzt von Stephan Egger. Mit einem Nachwort von Franz Schultheis. es 2311. 160 Seiten
- Praktische Vernunft. Zur Theorie des Handelns. Übersetzt von Hella Beister. es 1985. 226 Seiten
- Rede und Antwort. Übersetzt von Bernd Schwibs. es 1547. 237 Seiten
- Soziologische Fragen. Übersetzt von Hella Beister und Bernd Schwibs. es 1872. 256 Seiten

NF 350/2/4.11

Barbara Holland-Cunz. Die alte neue Frauenfrage. es 2335. 309 Seiten

Karl Otto Hondrich
- Enthüllung und Entrüstung. Eine Phänomenologie des politischen Skandals. es 2270. 166 Seiten
- Liebe in Zeiten der Weltgesellschaft. es 2313. 176 Seiten
- Der Neue Mensch. es 2287. 222 Seiten.
- Wieder Krieg. es 2297. 194 Seiten

Claudia Honegger/Sighard Neckel/Chantal Magnin (Hg.). Strukturierte Verantwortungslosigkeit. Berichte aus der Bankenwelt. Mit einem Text von Elfriede Jelinek. es 2607. 395 Seiten

Marie Jahoda/Paul F. Lazarsfeld/Hans Zeisel. Die Arbeitslosen von Marienthal. Ein soziographischer Versuch über die Wirkungen langandauernder Arbeitslosigkeit. Mit einem Anhang zur Geschichte der Soziographie. es 769. 148 Seiten

Christoph Kucklick. Das unmoralische Geschlecht. Zur Geburt der negativen Andrologie. es 2538. 379 Seiten

Wolf Lepenies. Benimm und Erkenntnis. Über die notwendige Rückkehr der Werte in die Wissenschaften. Die Sozialwissenschaften nach dem Ende der Geschichte. Zwei Vorträge. Redaktion: Rüdiger Zill. Erbschaft unserer Zeit. Band 1. es 2018. 100 Seiten

Martina Löw/Renate Ruhne. Prostitution. Herstellungsweisen einer anderen Welt. es 2632. 215 Seiten

Daniel Miller. Der Trost der Dinge. Fünfzehn Porträts aus dem London von heute. es 2613. 226 Seite

NF 350/4/4.11

Stephan Moebius/Markus Schroer (Hg.). Diven, Hacker, Spekulanten. Sozialfiguren der Gegenwart. es 2573. 462 Seiten

Richard Münch.
- Die akademische Elite. Zur sozialen Konstruktion wissenschaftlicher Exzellenz. es 2510. 474 Seiten
- Akademischer Kapitalismus. Über die politische Ökonomie der Hochschulreform. es 2633. 457 Seiten
- Globale Eliten, lokale Autoritäten. Bildung und Wissenschaft unter dem Regime von PISA, McKinsey &. Co. es 2560. 266 Seiten

Ludger Pries. Die Transnationalisierung der sozialen Welt. Sozialräume jenseits von Nationalgesellschaften. es 2521. 398 Seiten

Shalini Randeria/Andreas Eckert (Hg.). Vom Imperialismus zum Empire. Nicht-westliche Perspektiven auf Globalisierung. Herausgegeben von Andreas Eckert und Shalini Randeria. es 2548. 337 Seiten

Werner Schiffauer. Nach dem Islamismus. Die Islamische Gemeinschaft Milli Görüş. Eine Ethnographie. es 2570. 391 Seiten

Roger Silverstone. Anatomie der Massenmedien. Ein Manifest. Aus dem Englischen von Frank Jakubzik. es 2505. 299 Seiten

Mark Terkessidis. Interkultur. es 2589. 220 Seiten

Bernhard Zangl/Michael Zürn. Frieden und Krieg. Sicherheit in der nationalen und postnationalen Konstellation. es 2337. 338 Seiten

NF 350/5/7.11